真愛吸引力法則

EXCUSE ME, YOUR SOUL MATE IS WAITING

召喚靈魂伴侶的高頻振動

瑪拉・馬特森 Marla Martenson ◎著　張齡謙◎譯

我要將這本書獻給我摯愛的

丈夫阿德佛·布林加斯（Adolfo Bringas）。

因為他的支持，以及他給我的創作靈感和耐心，

使我能順利完成這本書。

此外，我也要將此書獻給所有正在尋找對象的單身者，

只要保持信心，夢想就會成真。

❖聽聽看別人怎麼說

此書是探討兩性關係的另一部力作，此書給人與眾不同的閱讀樂趣，作者瑪拉結合吸引力法則及多年從事媒合的經驗，引領你看清約會的現實情況，也可以幫助你找到生命中的真愛，細細品嚐這本書，讓它引領你去找到自己的靈魂伴侶。

——約翰・葛瑞博士，著有《男女大不同》（*Men are from Mars, Women are from Venus*）等書。

瑪拉在書中，用盡一切可能，分享獨特且重要的觀念，可以幫助你找到生命中的摯愛。讀完這本書，你會驚訝地發現，自己的內在原來也具備某種能量，可以把想要的人吸引過來，此外，這本書也可以讓你重新掌控自己的命運。瑪拉以獨特的方式把作媒的經驗和抽象的哲學思考加以重新組合，以幽默的口吻教你如何尋找靈魂伴侶。讀完此書，你會知道如何運用吸引力法則，為自己找到對的伴侶，而不是相信宿命，任由命運安排你的人生伴侶。

——艾倫・芳（Ellen Fein）和雪莉・史克內德（Sherrie Schneider），共同著有《戀愛必勝守則》（*all the Rules*）。

在這本書中，瑪拉會告訴你如何藉由使用吸引力法則以找到你的靈魂伴侶，也會教你在理想對象出現時，用何種方式留住這個對象，她的見解獨到且實用，不同於其他教導兩性關係的叢書，帶給你全新的感受。

——妮娜・希瑪茲柯（Nina Siemaszko），演員，演出作品有《白宮風雲》（*The West Wing*）

這是本充滿機智和獨到見解的好書，會提供你對的方法，好讓你在輕鬆愉快且毫不費力情形下吸引到最佳的伴侶。依照書中所說的步驟，你會開始以很棒的能量產生振動，即便靈魂伴侶還沒出現也會如此，更重要的是，你會成為非常有吸引力的人，也會懂得如何好好珍惜生命中的每一刻。

——愛情博士麗莎（Dr. Lisa Love），著有《不再是祕密：心靈能量及吸引力法則》（*Beyond the Secret: Spiritual Power and the Law of Attraction*）

這本書巧妙的運用吸引力法則來幫助大家尋找愛人，並且教大家如何找到生命中的真愛。從瑪拉的書中，你將會了解自己想要什麼樣特質的靈魂伴侶，也會知道如何吸引到這樣的人，任何想要尋找靈魂伴侶的人，這肯定是一本不容錯過的好書。

——生活講師海倫・蓋（Helen Gay）

這是一本讀來令人心情愉快的好書，作者提供了許多約會的相關知識，也展現了獨到的見解，全書讀來很令人心曠神怡，非常有趣。

——訣竅合唱團（The Knack）主唱道格．斐傑（Doug Fieger）

Contents

❖前言

鄉村音樂裡的歌詞寫著：「我們都在錯誤的地方尋找愛情！」本身是媒人也是個有智慧的女人，瑪拉．馬特森（Marla Martenson）卻告訴大家：「問題不在於用錯誤方法尋覓愛情。」這本書中的內容不但正向積極且言之有物，瑪拉要告訴所有正在尋找伴侶的單身人士，如何利用不同的策略及心態，為自己尋找最佳的伴侶。

這可不是說成功就能成功的事，還是要靠自己時時保持警覺。舉例來說，在書中很快指出，雖然尋找完美情人的結果常常還是孤單一人，但我們也不必為此屈就條件較差的人。對於那些厭倦上酒吧、速食約會以及不想繼續等待電話的單身人士而言，要怎樣培養這樣的洞察力呢？別人都期待你會有某種心靈體驗嗎？那麼看這本書就對了！

瑪拉在書中，依照《把好運吸過來》（*Excuse Me, Your Life is Waiting*）書系的傳統，用類似的方式，讓原本屬於精神層面卻非常實用的吸引力法則，應用在硬梆梆的實際生活中，在這裡，所謂的實際生活，指的是去發現一個你想要永遠在一起的人，並和他／她開始約會。

這個觀念很重要，尤其是在這個複雜多變的年代。我們和從前的人不一樣，從前的人必須等到成年後才能正當的去追求一、兩個對象，即使感情不深，也要依著「男大當婚，女大當嫁」

的傳統結婚。以珍・奧斯汀（Jane Austen）筆下所刻劃出的年輕女性為例，她們都坐在陽台上等著男士前來呼喊她們的名字，但這樣的時代早已不復存在，一些像「我介紹小叔給你認識」等話語也成歷史了。我們現在所處的環境，多重婚姻及混合家庭（Blended Family）稀鬆平常，很多人甚至會將前段感情留下的包袱帶到第一次的婚姻中，對結婚的對象抱持很大的期望，認為他／她就是萬中選一的「真命天子」或「真命天女」。即使社會上有許多的單身俱樂部以及約會服務，再加上網路無遠弗屆的影響力，但我們還需要別的東西，我們需要的是「吸引力法則」。

我知道這個方法很有效，因為我有親身體驗。我曾經單身了九年，而且毫不諱言的，當時的我非常急切想要找到一個適合的對象。有一天，我坐在早餐桌前，突然想到：「我的生命是多麼美好，我有一個很棒的女兒，我靠寫書維生，我擁有一間房子，雖然不是夢想中的房子，但畢竟是我自己買的，我的條件其實並不差。」在那之前，我從沒聽過「吸引力法則」，但卻無意中做了這個法則所教的事，因此我趕走了沮喪的情緒，開始享受單身生活中一切美好的事物，兩天後，我在一間貝果店（bagel shop）前遇到了一個很棒的男士，而這個男士前不久才和我一起慶祝了十週年紀念日。

在這本淺顯易懂的書中，作者分享了許多幸福的故事，當然也包含她自己的故事：她是一個言行一致的人，在這本書中，她除了提供許多立即且實在可行的小技巧外，也會告訴你如何用最簡單的辦法，將吸引力法則用在你的人際關係、約會以及生命中。畢竟要讓靈魂伴侶注意到你的存在，全得靠你自己的特色、個性、熱情，以及個人魅力。一旦你和靈魂伴侶相遇了，即使這是一個艱困且不確定的年代，你們彼此身上的特質使得「永遠幸福美滿」的童話故事變得可能。

——維多利亞・莫蘭（Victoria Moran）

莫蘭是一位勵志型的演說家，靈性生活教練，著有《魅力女人》（*Creating a Charmed Life*）等書。

❖致謝

寫這本書的過程就像一場冒險之旅，在出書之際，我要特別感謝一些人。首先是漢普頓道路出版社（Hampton Roads Publishing）所有幫助過我的人，尤其是傑克・傑尼斯（Jack Jennings）以及在他底下工作的那些優秀的員工，包括珍・哈格曼（Jane Hagaman）、塔妮亞・西摩（Tania Seymour）和莎拉・史卡爾拉特（Sara Sgarlat）。此外，我也要特別感謝在漢普頓道路出版社工作的蘇珊・漢姆（Susan Heim），以及其他用「愛」催生這本書的人。我還要特別感謝貝蒂・楊思（Bettie Youngs），沒有她這本書根本無法完成。她是我多年的朋友，也是我的心靈導師，常常帶給我許多很棒的啟發，她就像我生命中的天使，我從她身上學到很多東西。

我也要謝謝經紀人比爾・葛雷史東（Bill Gladstone），謝謝他願意相信我並給我嘗試的機會。還有我摯愛的母親多娜・里德（Donna Reed），我要謝謝她不斷地向朋友吹噓我的成就。感謝我心愛的丈夫阿德佛・布林加斯（Adolfo Bringas），謝謝他成為我的心靈伴侶，也謝謝他鼓勵我不斷寫作，每當在我想同時做其他事情時，他總會適時拉我回來。感謝魯本・特奇安（Rouben Terzian），他不斷的鼓勵我，一直告訴我「你一定可以辦到」。最後，我要謝謝黛芙尼（Daphne），雖然她已不在人世，但我還是可以感受到她的能量，她一直都在我心裡。

❖介紹

你知道嗎？買了這本書就等於把這本書吸進你的生命裡，這是一件多麼奇妙的事情。想想市面上有多少教人約會、兩性關係，以及告訴人如何遇見特別的人等的書，數目實在多得難以計數，你卻別的不選，偏偏選中這本。或許你是受到書名所吸引，或許是對琳恩．葛雷朋（Lynn Grabhorn）的《把好運吸過來》一書很熟悉，那是一本談論吸引力法則（Law of Attraction）的書，但也或許這本書是朋友送給你的，或你在某個不經意的場合聽過別人談論起這本書。無論如何，這並非巧合，而是冥冥之中就註定好你會擁有這本書。琳恩曾在她的書中說過，我們每個人都有創造自我存在的能力，也就是說我們都知道如何用感受來吸住我們所擁有的東西，並將我們想要的東西吸引進來。

我是吸引力法則的真實見證者，舉例來說，從小我就立志要當演員，想拍電視廣告，小時候我常站在浴室的鏡子前面，一邊唱著廣告主題曲，一邊表演廣告內容，希望有一天我的夢想能成真，但卻常有人潑我冷水，他們告訴我：

❤你根本不可能成功打入這一行。

❤或許有些人會在這一行闖蕩得很成功，但你就是再怎麼努力，成就也是有限。

❤既然成功的機會那麼小，或許你不應該下那麼大的功夫。

十八歲那年，我跟祖母說我想去當演員，所以必須要搬去洛杉機（Los Angeles），祖母聽了大笑，告訴我：「瑪拉，這成功的機率太小了，大約一百萬個才有一個會成功，何必浪費精力去嘗試呢？」當時，我們家中還有另一個十幾歲的小孩，他日後的夢想是當一位職業的歌手，我的祖母也對他說了類似的話：「他當不成演員的……他不會成功的。」這些都是危險的話，因為那會滲透到一個人的全身，甚至進入到潛意識裡。但幸運的是，我從來聽不進這種思想狹隘的話，而是一旦想做什麼事，就會堅持到底，為了達成我的夢想，我不顧一切的搬到洛杉機，六個月後就接下了雪佛蘭汽車（Chevrolet）的全國性廣告，之後又陸續拍攝了許多的廣告。

你是否也曾遇過像我祖母一樣會阻礙別人夢想的人？你是否曾想過像我一樣的回答：「有何不可？我們為何不能去做我們想做的事？為什麼好事只會降臨在別人身上？」讓我告訴你，好事不會只降臨在別人頭上。二十一歲那年，我在好萊塢（Hollywood）的一家餐廳上班，無意中聽到一位女服務生跟顧客說：「沒錯，這是我的兼職工作，我事實上是一個真正的演員。」一個月後，她竟然得到了一個在連續劇中演出的機會，當初她在說那些話的時候，才剛從小鎮搬到洛杉機來發展，身邊連經紀人都沒有，會來洛杉機完全是因為一位朋友要把自己的經紀人介紹給她認識。她在說完話的隔天，就收到試鏡的通知，然後就順利的取得了那個角色，從此大大改變了她的人生。這一切完全是因為她堅定的認為自己是個百分之百的演員，即使在餐廳工作，她也不認為、更不相信自己只能當個餐廳的服務生。

當初會有出版社願意出版這本書，我的經歷就和這個女服務生很類似。我看到社會上有好多單身的人都忙著為自己尋找生命的伴侶，但就我所知，他們約會時卻時常犯許多的錯，因此我大概三年前就決定動筆寫一本有關男女約會的書。身為一個專業的媒人，我知道可以藉由經驗的分享來幫助很多人，因此我充滿著無限的熱情與興奮之情，迫不及待想將我所知道的與所有人分享。雖然看到市面上充斥著許多教導人約會技巧的書，我難免心裡會擔心，但即使心中害怕和擔心，我也沒有因此裹足不前，相反地，我相信這本書一定具有獨特的風格和幽默的語氣，也一定能提供讀者獨特的約會經驗，有了這樣的自信後，我便決心勇往直前，開始著手寫我的書。

當然，要出版一本書通常不是一件容易的事。在我的經紀人向各個出版社推薦我的書時，《他其實沒那麼喜歡妳》（*He's Just Not That into You*）才剛出版，當時人人都一窩蜂的跑去購買這本書並且熱烈討論書的內容，在那個時間點實在很難找到一家出版社會對我的書有興趣。當時我的同事也送了我一本《把好運吸過來》，我讀了以後立刻愛上了這本書，簡直把它當成《聖經》一般的崇拜，還反覆讀了好幾次，我不斷的演練書中所教的技巧，並且下定決心每天早晨散步前都要發自內心的告訴自己：「我是一個專業的作家，要寫什麼都在我的掌握之中。」我想像著我的書被擺在書店裡的樣子，於是就放手去做，完全不勉強自己，當時我就是靠著吸引力法則的這些技巧，不斷告訴自己一定有人會出版我的書，因而讓我有了繼續創作的動力。

不久之後，我參加了一個作家朋友舉辦的女性研討會，正巧她的出版商上台講話，我看到這位出版商極為驚訝，因為《把好運吸過來》就是他所出版的，於是我會後立刻主動找他，並告訴他我非常喜歡《把好運吸過來》這本書，還告訴他這本書在我心中的地位就像《聖經》一般，未料他然竟然說他們正打算出版一系列這樣的書，而或許我就是寫兩性關係一書的最佳人選。這真是太神奇了，吸引力法則果真奏效了，整個過程雖然前後花了好幾年（在出版界這是很正常的現象），但我確信自己是透過感覺的方式，在我的生命中創造了這個機會，而絕不是巧合的結果，從這個經驗證明了一件事，那就是：我是這個世界的共同創造者之一，我的夢想正在實現，我知道只要能改變想法和振動的方式，就能改變每件事，現在我也要幫助你夢想成真。

從這本書中，你將學到如何運用同樣的方法吸引到靈魂伴侶，並且和你的伴侶共譜一段全新的關係。你在啟動感覺磁鐵時，會感覺到事事都在你的掌控之中，也會覺得自己渾身充滿力量。書中提供了許多切實可用的建議和策略，只要照著做，對方人很可能會願意和你長相左右。

在洛杉機我們會說：「每個人都想找一個身材更棒、條件更好的伴侶。」但透過這本書的幫助，你得到的絕對不只這樣，你將學會如何開啟最棒最好的人生，而且一旦開始了這樣的生活，你整個人就會自然而然散發出無比的吸引力及動能，讓你變成你專屬情人的理想伴侶。而什麼是「吸引力」及「動能」？我指的是你的人格及靈魂會因此受到矚目，你的自信心也會向上提升，整個人會散發出耀眼的光芒，從身體及正面的能量顯現出來。一旦我們感覺全身充滿動能及力量，也覺得自己與眾不同，這樣的態度會在生活中的各個層面表現出來。

所以，準備打破琳恩所謂的「想要的障礙」吧！讓自己做好準備粉碎「一輩子程式化的匱乏」，然後找到自己的成就感。她建議我們：「這或許聽起來有點恐怖，但主要原因在於這象徵著改變。」但如果我們要成為「有意識」的創造者，而不是「誤打誤撞」的創造者，我們勢必要這麼做。

❖關於作者

瑪拉（Marla Martenson）出生於美國華盛頓州（Washington）的塔科馬港市（Tacoma），當地有「命運之城」（City of Destiny）之稱，瑪拉天生就有很好的演戲細胞，對閱讀、詩和短篇小說的創作也有很濃厚的興趣。十六歲那年，她和家人住在伊朗（Iran），學會說法文和波斯語，一九七九年伊朗爆發伊斯蘭革命，瑪拉一家才再度回到美國華盛頓州，她也在當地完成高中學業，還讀了一年的大學。

之後，為了尋求演出的機會，瑪拉搬到好萊塢居住，在那裡她不但接拍電視廣告，還擔任平面模特兒的工作。一九九〇年代初期，她搬到芝加哥（Chicogo），然後突然覺悟自己可以用過往的約會經歷來幫助別人，於是從二〇〇一年開始，她一直在洛杉機當專業媒人，也成功促成了多對的美好姻緣。

瑪拉的工作帶給人們許多啟發，她讓人們了解，只要努力還是有希望找到自己的靈魂伴侶，瑪拉於二〇〇二年在墨西哥市（Mexico City）與自己心目中的靈魂伴侶完婚。她喜歡遊歷世界，喜歡觀察不同文化，瑪拉形容自己是一個擁有法國人的細胞、波斯人的內在、義大利人的熱情，以及墨西哥人的味蕾於一身的人。

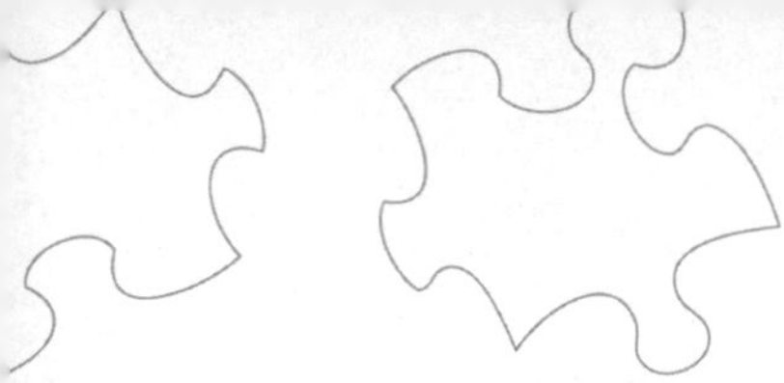

第一章

吸引力法則

如果你也是《把好運吸過來》這一系列書的書迷，那麼你應該知道什麼是「吸引力法則」（Law of Attraction），也應該知道我們內心的想法，特別是感受，會把我們生活中想要的事物表現出來，因此學習如何有意識的運用吸引力法則是很重要的。根據此書首度揭露，吸引力法則要運用得當，有四個重要的步驟，只要照著步驟做，你也可以成為共同創造者，為自己的生命創造出任何你想要發生的事，此四步驟如下：

1. **清楚自己不想要**什麼。
2. **清楚自己真正想要**什麼。
3. **進入你想要的那種感覺**。
4. **期待、聆聽並任其自然而然發生**。

沒錯，就這麼簡單。這些步驟我稍後會再詳述，一旦能在日常生活中養成運用這些步驟的習慣，你不僅僅會發現兩性關係改善了，也會發現每一個面向都越變越好了，你的帳戶存款將不再空空如也，你會產生更多的精力，在此同時，你的疑慮及恐懼也會漸漸的（或甚至快速的）消失不見，你會覺得自己越來越能掌控自己的生活，不再懷有「被害者心態」（Victim Mentality），也不再覺得四周的環境似乎超乎自己的掌控範圍。尤其在談到兩性關係時，很多人最後總會覺得被另一半「利用了」或「犧牲了」。

去年，我到一個女性朋友的家中，我們大約有三年的時間沒見面了，一直是靠電子郵件保持連繫。我們一起做了晚餐，之後便坐下來聊天，她看來似乎過得非常不好。她說自己四十幾歲，對於十五年來總是浪費時間和錯的男人在一起，感到十分悔恨。她不為自己的選擇負責，卻一味地說自己不幸成了這些男人的「犧牲品」，是他們偷走了她的青春年華，還說日後若再交男朋友，要選擇利用男人，她要報復男人對她所做的一切。

你可以想像嗎？我這個朋友並不打算用創造的力量和吸引力法則去尋找一個真正愛她的好男人，相反地，她想創造一個實相，就是成為另一個玩弄別人感情的人。從那時候起，我決定不再與她往來，因為我已習慣與正面及高振頻的人當朋友，這一切都是因為「吸引力法則」的關係。我們相信什麼、腦子裡想什麼，以及我們的感受是什麼，就會在生活中表現出來或被創造出來，凡是用過吸引力法則的人就會了解這一點，世界上根本沒有「受害者」這種事。沒錯，有些事可能會發生，但如果我們無法從中學到些教訓，就等於成了自己的受害者，相反地我們可以決定從經驗中學習成長，並展現出更棒更美的人生，而這一切的決定權在於你自己。

❖不要再當受害者

正如我所說的，我們很容易把生活裡不好的遭遇責怪別人，例如：環境太過髒亂、運氣不好、遇到不體貼的人、鏡子破了，或是看到黑貓從梯子下走過等。也常會用一些逃避的藉口，諸如：「我的運氣不好」、「好事從不會發生在我身上」、「我不夠聰明」或是「我是永遠不可能成功的」等。想一想在我們說了這些話之後，結果會變得怎麼樣？結果這些話竟然都成真了！我們所相信的事最後都成真了（請見下一頁的練習）。因此，如果你想要有好運氣、想要變聰明、想要成功，現在就得改掉這個壞習慣，下決心不要再認為外在的環境可以左右你的生活，也不再懷抱著這樣的想法過生活，更不要相信自己無法表現出想要的樣子，完全是因為命運不好或前世的業障所致，請永久離開造成你恐懼、消極以及匱乏的區域。人為什麼要住在又髒又舊的城市呢？請選擇提升自己的能量與振動的頻率，多用正面的肯定語來鼓勵自己，這樣一來你會比別人更有可能替自己吸引到很棒的人生。

你絕對不是受害者，你出生到這個世間是要體驗歡樂與繁榮富有，要在充滿陽光和愛的地方成長茁壯，並且要有美好且健康的伴侶關係，這都是你應該獲得的東西。你本來就擁有實現一切願望的能力，這本書就是要教你如何創造你想要的事物，無論那是指一段平靜的親密關係，還是一雙新的鞋子。這本書中會讓你知道，這一切都要從擁有正面積極的想法開始，但如果你無法同時提升自己的振動頻率，就無法像磁鐵一樣把想要的事物吸進生命裡來，你必須自己去感覺自己真正想要什麼事物。

究竟要如何產生正確且有磁性的振動呢？首先你要了解，人是由能量所構成的，雖然我們表面看起來像個實體，可以在地球表面到處走動，事實上，我們是一團不停振動的能量，一旦有了負面的想法，就容易勾起負面的感受，並且以低頻率的方式振動，相反地，我們若是有正向的思考，就會以較高的頻率振動，我們若能再把正向的思考與良好的感受結合在一起，就能達到某種程度的振動，就能將正向的經驗拉進生活中。

這就是為何我要你學會辨別好的感受及不好的感受。當你學會了這一點，你的生活就會開始動起來，也就能將自己極度渴望的東西創造出來。不好的感受都是來自恐懼，這種懼怕的思緒振動的頻率很低，不但會使得好的事物離你遠去，也會讓令你厭惡的事物吸進你的生命中。不好的感受有憤怒、怨恨、嫉妒、擔憂以及懷疑，好的感受則包括了熱情、歡樂、興奮、感激、愉快、感謝以及愛。好的感受頻率振動相當高，會把好的事物向你拉近，這就是為何我要你學會讓**自己儘可能沈浸在好的感受所產生的振動頻率當中。**

❖開始行動

我要告訴你們一個令人振奮的消息：你並不孤單，很多人都和你一樣也在吸引與維持良好的振動，何況你在創造的過程一定有一個夥伴，這個夥伴我喜歡稱祂為「上帝」，但你要怎麼稱呼祂都可以，像是更高層次的自我（Higher Self）、內在的自己（Inner Being）、精神的指引（Spiritual Guide），或是葛楚德（Gertrude，她被認為是天主教聖徒，有各種各樣的神秘體驗）等，祂無時無刻都與你一起從事創造的工作，這聽起來有沒有很棒？既然上帝讓你降臨到這個世界，你就可以盡情地享用這裡的資源，上帝要你充分利用自己的潛能，不要一味地為了一些小事終日悵然若失，惋惜自己結束了一段很棒的親密關係。現在我要開始解釋吸引力法則的四個步驟，並且要告訴你如何運用這四個步驟來找到你的靈魂伴侶。

靈魂伴侶功課

遇到事情不順利的時候，你會用什麼話當逃避的藉口？

第二章

找出自己的「要」與「不要」

雖然我已告訴你不要老惦記著那些已從你生命中流走的事，但還是請你先暫時回過頭來想想，下一段戀情你不希望重蹈什麼樣的覆轍？沒錯！請你暫時沈浸在一點點自憐自艾的情緒中，因為我將要告訴你如何把「不要」變成「想要」，這些「不要」和「想要」都可以在你的生命中獲得實現，因此關於如何在生命中吸引到好的另一半，我在這裡提供一個例子：

「不要」

❤我不要再浪費時間和失敗的人在一起。
❤我不要再被別人利用。
❤我不要再做出不明智的選擇。
❤我不要再被別人騙。
❤我不要再一個人度過星期六。

現在，請你把上述的每一個「不要」，用正面肯定語的方式敘述出你生命中想要做的事。

「想要」

❤我想要花時間與美好有趣的人相處。
❤我想要有一段相互尊重的戀情。

- ❤我想要約會時頭腦清楚，能夠做出明確的選擇。
- ❤我想要與我的靈魂伴侶擁有很棒的關係。
- ❤我只想要和誠實正直的人往來。
- ❤我想要看到我在某人的生命中占有重要的地位，而且我是被愛的。
- ❤我想要戀愛，也希望我的愛有所回報。

❖請小心

能把「不要」轉變成正面的肯定語不是一件很棒的事嗎？正如我之前所提過的，請小心，不要太過專注在不想要的事物上，了解自己不想要什麼可以幫助我們釐清真正想要的是什麼，但整個過程要非常小心，因為有時候你會搞不清楚自己想要什麼以及不想要什麼。如果你一直以來都只是把想法放在心裡，而不會把想法化成行動，你永遠得不到你想要的事，負面想法只會加強你無法擁有的經驗，而負面的情緒還會趕走你想要吸引的事物。因此，不要一味的想著「我不想要再單身了！」或「我不想要和不適合我的人約會。」相反的，要把這些話轉化成「我想要談戀愛，對象要適合我而且樂意和我在一起。」為什麼要這麼做呢？理由是，如果你只專注在不想要的事物上，你的注意力只會讓負面的想法越變越強大。更弔詭的是，即使你看起來是在說「想要」做什麼事，但事實上你內心重視的是「不想要」做什麼事，舉例來說：

「我想要結束這段既令人沮喪、不快樂，又不會有結果的感情。」

「我想要脫離負債。」

「我想要離開這個薪資不高的工作，因為我無法在情感上及創意上得到滿足。」

這些話的重點是什麼？每一句話無不在強調「我不想要什麼」。如果你熱切的專注於某件你不想要的事情上，無時無刻的想著，即使你說的是「想要」，但最後還是會受到負面影響。很顯然的，你無法仔細觀察每一個想法，若必須要知道每個想法究竟是「想要」還是「不想要」，你的頭可能會想到爆炸，但也因為這樣，感覺才會進來，如果你所想的會讓你感到很溫暖且很高興，那麼你就是進入了「想要」的感覺了，但相反的，如果你感覺頭上好像有一朵烏雲，那就是進入了「不想要」的感覺了。

一旦你意識到自己正專注在某件不想要的惱人事物中，請趕快把注意力轉移到你想要的事情上，或是想一些會讓你感覺好一點的事，比如說：把心思放在可愛的小狗身上，或是去想想做按摩的事，或是想想待會就要和女伴們一起喝紅酒等等，任何事都可以！請確定自己的心情真的轉變了，振動頻率也提高了，才能離開那個地方，你越常待在高頻率的地方，待的時間越久，你所不想遇到的情況就會越快消失不見。

❖男人和女人最想要什麼樣的靈魂伴侶？

那麼，你知道自己不想要的靈魂伴侶有什麼特質嗎？你又知道自己想要他／或她身上有什麼特質嗎？如果你很難明確說出自己「想要」的東西，那麼了解一下我當媒人時常會收到的回饋，或許對你有些幫助，這些回饋是有關人們想要未來伴侶所具備的特質，以下是我最常聽到的意見：

「不想要」

另一半在交往時太過急進

如果你的男朋友或女朋友在第一次約會時，就向你宣稱至死不渝的愛，很可能他就不是你適合的對象，因為那不是一種恭維，而是聽來頗令人起雞皮疙瘩的話，如果這個人以為可以在認識你短短幾個小時，或見過幾次面後就了解你，那他絕不是對真實的你感興趣，而是在意身旁是否有人陪，這種人很可能最後會變成可怕的跟蹤狂或是更恐怖的人，如果是這樣，與其和一個想要快速發展成親密關係的人在一起，倒不如維持一個人的狀態就好。

另一半想要找像模特兒那樣的人

我知道每個人腦海中都有一幅「白馬王子」或「白雪公主」的圖像，例如：「我的白馬王子身高一定要超過一百八十公分，而且不能禿頭。」、「我的白雪公主體重要五十公斤，胸圍要三十六D。」但如果你只是想尋找一個「看起來像模特兒的人」，那我要告訴你，你很可能找不到你一生的摯愛，而且話說回來，如果你尋找的那個人只覺得你很性感，卻不太在意你的內在，你真的想和他／她在一起嗎？容顏容易老去，要找也要找有美麗內在的人當靈魂伴侶，既然無法知道靈魂伴侶會有什麼樣的特質組合，就讓自己保持彈性，結果可能會有讓你有意外的驚喜。

另一半是一個我不好意思帶回家的人

一個真正的靈魂伴侶，會長時間的和你生活在一起，因此照理來說他應該要能與你的家人朋友相處融洽，而你帶他回家面見父母也會覺得很自豪，如果有個男人要你穿得像三級片女星一樣，千萬不要和他交往，因為他並不把你看作一個「老婆候選人」或是「未來小孩的媽」。親愛的，如果你真的想尋找靈魂伴侶，不要找一個連你都不好意思帶回家的人。

另一半對人不體貼

如果一個人對待服務生或服務人員的態度很差，他／她的個性一定很糟，很可能時間久了，他對你的態度也會變糟，因此要判斷一個人適不適合當你的伴侶，要看他／她對待別人的態度如何，絕不要和粗魯無禮或不體恤別人辛勞的人在一起。

另一半把我當成精子銀行或生小孩的工具

如果你渴望擁有自己的小孩（沒錯！這的確是一些男人的夢想），要小心別讓這種想法左右了你的選擇。千萬不要因為生理時鐘不等人，就隨便找一個稱不上靈魂伴侶的人作為對象。要是你正在考慮的對象見不到兩次面，就向你提出生小孩的想法，小心你可能被當成精子銀行或生小孩的工具。

另一半的態度不禮貌或衛生習慣不好

一個真正的靈魂伴侶會在意你的感受，不會用不禮貌的態度或差勁的衛生習慣，讓你有不好的感受。如果你交往的對象每餐吃飯都在講電話，而不是陪你聊天，請不要再和他來往（但如果他是一位醫生或單親爸爸，或者電話很緊急，當然就要給他一點時間）。如果你正在考慮的對象總是穿著T恤或夾腳拖鞋來和你見面，也不清潔一下牙齒，那麼他並不在乎你的感受，如果他和你共進晚餐時會毫不遮掩的打嗝、放屁，或大刺刺的拿起牙籤剔牙，這種人也不適合你，因為真正的靈魂伴侶會在你面前展現出最好的一面，而且即使經過幾次約會後，他依舊還是沒變。

另一半把你當成提款機

你的另一半是否只在意你能否提供他金錢上的需求？你的女朋友會不會像我這個客戶一

樣？她叫凡妮賽，是一個美麗的女人，但和她約會過的男人都告訴我們：「和她交往要花好多錢啊！」顯然，凡妮賽會告訴約會的對象，她只坐頭等艙、喜愛鑽石、希望不要工作，只想整天躺在沙灘上享用鳳梨汁、椰子汁及萊姆酒調製而成的飲料，而且除非是收到珠寶大亨哈利．溫斯頓（Harry Winston）設計的十克拉黃色鑽石，否則絕不考慮結婚。她或許是世界上最漂亮的女人，但如果你要找的是真正的伴侶，請找一個因為你這個人而喜歡你的人，而不是因為你銀行的存款而喜歡你的人。

另一半太過自我

自信是一種迷人的特質，但自負就不是了。會吹噓自己賺了多少錢，炫耀自己的六塊腹肌，或全新法拉利（Ferrari）的男人，不適合作為靈魂伴侶，這種「大男人式的」講話方式，意味著他比較在意的其實是自己而不是你。同樣的，女人如果只會談論自己的外表、指甲美容，或者對昂貴珠寶的品味，也會讓男人倒盡胃口，因此找伴侶要找那種對自己的外表和成就都很謙虛的人。

另一半的花費太高或太依賴別人

要找另一半，不要找一個只會依賴你提供娛樂的人，迷人的靈魂伴侶是獨立自主的，不會為了自身的利益而依附在另一半身上。我總會問我的男性客戶是否在意女人有什麼工作，但九成五都會說：「我不在乎她有什麼工作，只要有工作就好，希望她能樂在工作中，對工作充滿熱情。」男人一旦知道有個女人正等著他完成工作並回家陪她，他們會倍感壓力，他們並不想要這樣。因此，某種程度的獨立自主，才能促成一段平衡且健康的伴侶關係。

另一半一直談論前段感情

不論是男人或女人，只要聽到另一半談起前段感情的伴侶，不管內容是述說往事還是吐苦水，大都會感到十分厭惡。你一定希望自己交往的對象已經放下了前段感情，並且準備好要接受新的戀情，我看到許多人（包括男人和女人）在回饋表上說，他們約會的對象一直在講自己之前的伴侶，而且總是把那個人講得很負面。因此，我要說的是，過去就讓它過去吧！把注意力放在眼前的這個人身上，並去找到和你有同樣心態的人。

「想要」

既然你已知道什麼是不應該在靈魂伴侶身上出現的特質，現在我們要轉換另一個角度，看看你希望在未來伴侶身上發現什麼樣的特質，凡是具有下列特質的人肯定是不錯的靈魂伴侶：

會真心聽我說話

當一個人願意聽你說話，表示他真的很在乎你，真的就這麼簡單。聆聽意味著對別人的尊重與欣賞，很多女人告訴我，會引起她們興趣的男人，最大的特質就是願意傾聽她們說話。根據她們的說法，女人會劈腿，或是結了婚還會外遇，最大的原因是她們的男人根本不聽他們說話，而外面的那個男人卻願意耐心聽她們說話。聆聽也是一種積極的追求，因此，你要找的伴侶應該是一個會真心聽你說話、會不時問你問題，並表現出他了解、也願意繼續傾聽更多的人。

頭腦聰明

我們一定要充分了解世界的最新動態，我說不出過去有多少男士曾對我說，他們想要找一個頭腦聰明且談吐有趣的女人，其實他們想要的只不過是一個能帶到正式場合且能獨當一面的女人。同樣的，一個女人若知道自己的男人頭腦不但聰明，也能在世界上擁有一席之地，她也會比較有安全感。總而言之，你和你的伴侶要在智能上相互匹配，因為你會發現，能夠和一個願意不斷學習及發現新事物的人在一起，生活永遠不會感到無聊。

在意自己的外表

夫妻離婚後，男人最大的抱怨通常是：妻子婚後就不再打扮自己。如果你的另一半總是草率整理自己的外表，這樣的草率風格也很可能會顯現在生活的其他層面。因此，你要找的對象應該是一個不論交往時間再久，他也會願意花心思打扮自己來吸引你注意的人。

在性事上能滿足我

性對親密關係而言是至關重要的，任何一方若無法在性事上得到滿足，就會選擇到別處尋求滿足。因此，你即使再累、再沒心情，也要努力滿足伴侶的需求。你會發現自己很快的就進入狀況，事後也不會後悔和伴侶共享了這段親密關係，因此你要找的靈魂伴侶應該是要能在床上配合你的人。

和我有共同的興趣

雖然常說：「異性自然相吸。」但兩人有共同的興趣也是很重要的，尤其是要有娛樂及社交活動的共同興趣。如果你的另一半和他的朋友，都熱衷一邊看運動比賽一邊在後院烤肉，或是在運動比賽的停車場上野餐，你卻寧願在購物商場裡逛一整天的街，那麼你和另一半的距離將會越拉越遠，要是碰巧遇到足球季開打，你們的關係更是會是雪上加霜。我並不是說兩個人要在每件事情上都有共同點，而是希望至少能願意為對方妥協。舉我的例子來說，我一點也不關心運動比賽，但是二〇〇六年七月我還是決定陪著先生飛到德國去看世界足球錦標賽（World Cup），並發自內心為他支持的球隊加油，當時他真的開心極了。單就為這件事，我的做法就深得他心，因此你也要找一個願意和你共享興趣的靈魂伴侶。

要夠浪漫且感性

要讓你和愛人的情感連結在一起，「撫摸」是其中一個方法，以「牽手」為例，這個動作可以讓女人有種被愛以及被需要的感覺。如果走在路上，你握住另一半的手，他卻會噓聲對你說：「別在大眾面前公然示愛」，那麼這個人不適合你。有些人則是在公開場合表現得太過熱情，讓旁人忍不住大喊：「去房間辦事吧！」，這種人當然也不適合你，但維持親密接觸關係，親親臉頰、牽牽手、摸摸後腰等，輕微的浪漫表現還是很重要的。

有穩定的工作

一份穩定的工作意味著「安全」與「安定」，這對於正在尋找靈魂伴侶的女人更是如此。對女人而言，金錢代表著很多意義：一來，只要有錢，即便身兼著養家活口的責任，也可以有足夠的能力在工作之餘，或職場外適度的休息來犒賞自己。二來，有錢就有能力奉養年邁的父母。第三，有足夠的錢，即使自己老了，也可以享有舒適且安全的退休生活。人最重要的就是要不斷向前看，並要提早為未來做好準備，因此要找一個經濟狀況穩定的伴侶，任何人應該都不願為了一個經濟不穩定的伴侶，而放棄自己原先對家庭、房子以及舒適生活的夢想。

要很有幽默感

選擇一個會讓你笑的人，讓他陪你度過往後的日子。你的靈魂伴侶不必要像羅賓．威廉斯一樣，會演出個人秀來搏得你歡心，只要他能看到人生有趣的一面，而且別太過嚴肅，就能在漫長的未來為你帶來幸福。請找一個會讓你的人生旅途變得愉快的人，如果你的伴侶常在發生事情時表現得神經緊繃且完全沒有笑容，不僅會把生命中的歡樂一點一滴耗盡，也會破壞了兩人在一起時的樂趣。

能分擔家中事務

你希望未來的伴侶把你當成家裡的傭人還是廚子嗎？剛開始交往時，你或許很愛幫對方洗洗衣服或洗洗車，但若是最後發覺不僅全部家事都落到自己身上，還應付伴不來侶越來越多的要求時，你心中的怨恨肯定會開始沸騰，漸漸的會損害到你們兩個人的關係。因此，請找一個願意分擔家事的人吧！像是凱瑟琳，她下班回到家已經很晚了，人又累又餓，但她知道回到家不必要再花一小時的時間為家人準備晚餐，因為她先生法蘭克的工作時間比較固定，常常會在她進門時就已把晚餐放到微波爐裡加熱，有時候甚至還能同時洗一大堆的衣服，凱瑟琳在工作很忙的時候，尤其高興法蘭克願意幫忙她做家事。法蘭克從不認為家中的雜事就是女人應該做的事，法蘭克願意分攤家事，是凱瑟琳相信他就是她生命中靈魂伴侶的一個原因。

擁有良好的態度

請找一個態度友善的伴侶，請盡量避免凡事嘮叨不休、做事沒有彈性、或總是在抱怨的人。如果你一直以來都覺得另一半很難取悅，那麼你即使再怎麼努力，遭遇都會很悲慘，在彼此的關係中，你會幾乎沒有自尊。因此，你要找一個不會讓家中充滿緊張與憤怒氣氛的人，一個發生事情也能順其自然的人，一個情緒很成熟的人，如果你和伴侶相處時總覺得戰戰兢兢，你很快地就會為此感到痛苦。

靈魂伴侶功課

你想要什麼樣的靈魂伴侶？

靈魂伴侶功課

你不想要什麼樣的靈魂伴侶？

第三章

進入你的感覺

吸引力法則（Law of Attraction）是宇宙中最強大的一股力量，有些人將之歸納為：

1. 你心裡想什麼就會得到什麼，無論那是你希望或不希望得到的結果。
2. 能量類似的東西會互相吸引。
3. 你天生就是一個活磁鐵。
4. 氣味相投。

記住，根據吸引力法則，你心裡怎麼想就會得到什麼樣的結果。每一個動作都會產生相同的反作用力。思考很重要，但更重要的是，每一個人都要在思考中加入自己的感覺。就像琳恩．葛雷朋（Lynn Grabhorm）在《把好運吸過來》（*Excuse Me, Your Life Is Waiting*）一書中提到：「我們創造不是憑著思考，而是憑著感覺。」相當優美的句子，我個人則認為這股力量真的很神奇。

我們都聽過正向思考帶給人的力量，這個東西的確很棒，但正如我告訴大家的，光靠正向思考還不夠，還需要再加入溫馨美好且讓自己舒服的感覺，我們才能真正有所獲得，也只有這樣，每一件事才會開始聚集起來，生命也才會吸引到你所想要所渴望的東西。不過，我並不是告訴大家，即使遇到老闆炒魷魚、心愛的貓死了，或最喜歡的一副耳環不見了，也要假裝自己很開心，好像生活在仙境，萬事不動心的樣子。我要說的是，一個人對外釋放出什麼訊息，就會得到什麼樣的反應。既然這是不變的法則，我們最好還是多注意自己內心的想法，以及這些想法會讓我們有什麼樣的感受。

這就是為什麼一旦你確定了下一段感情要的是什麼，吸引力法則告訴你，下一步要將心中的描述與振頻高的感受結合起來。請記住，你不能單單只有正向的思考，還必須要有正向的感受，要讓自己想像最終能和一生中最適合的人在一起生活，是多麼美好的一件事。想像你開始與這個人結識，和他說話，進而牽手，一路走來彼此都非常合得來。想像著和你的心靈伴侶一起散步在夕陽的餘暉中。類似的電影劇本要不斷地在你的腦海中上演著，直到你心中產生了我所說的「莫名的興奮感」為止，而且為了讓自己確定改變即將發生，請讓這樣的感受在心中停留至少十五秒。然後，你有沒有感受到一種很棒的感覺？這就是你要的心靈伴侶，能和他／她最終相依相守在一起，感覺就像漫步在雲端一樣的美好。你的全身會充滿一股戀愛時才有的，溫暖且小鹿亂撞的感受，生命中能得到適合的伴侶，食物會變得美味，屋外小鳥的鳴唱也會聽起來格外的悅耳，此外，生活會變得輕快很多，好像沒有什麼事值得你煩心。你戀愛了。

一旦有了這樣的感覺，請加入你確切的想法，並注意這樣的想法是否能擴大你心中的興奮感，你的身體正以一種高頻率的方式在振動，在振動的過程中你可以把自己渴望的東西拉進你的生命中。

我讀了《把好運吸過來》才知道，要做到這一點其實很簡單，也很好玩。我立刻把這本書告訴我的女朋友克莉斯提娜，她很喜歡書的內容，也很喜歡書中提到的技巧，很快的她又將這本書介紹給她的一個朋友看。克莉斯提娜常常和我通電子郵件，告訴我她正在振動的事，並且和我分享生命中所有美好的事情，她做的是理財規劃的工作，現在事業蒸蒸日上，幾個星期以前，才又開拓了一個新的商機，最近也買了新房子，相信她的靈魂伴侶也正朝她的生命前進。

要讓自己產生這種興奮感，最快的方式就是想一些會讓你高興到爆的事情。舉例來說，我只要想到懷裡有一隻惹人憐愛的小貓，親親牠的小嘴，就會不由自主的感受到愛從我的內心傾瀉而出。你或許會想：「誰願意親貓咪的嘴巴啊！要親也要親喬治．克隆尼的。」無論如何，只要發現任何會讓你興奮的事，就照那樣的方式去做吧！我每天早晨出去散步時，看到晴朗的天空，美麗的花朵及屋舍，興奮之情就會油然而生，我覺得自己何其幸運可以健健康康地活著，優閒的散步以及享受人生。想想自己能夠讀到這本書是多麼幸運的事，因為有很多人根本沒機會讀到。如果你身體健康，就是一件值得你為之振動的事，但是這完全是屬於個人的感覺，你還是要靠自己找出會讓自己興奮的想法及感受（請見六十頁的練習）。因此，盡情去感受吧！記住，上帝會和你同在，你會知道什麼樣的關係才會帶給你最大快樂及滿足感。

❖創造你自己的命運

我喜歡麥可．貝克威斯博士（Dr. Michael Beckwith）在《祕密》（*The Secret*）一書中所說的：「創造這件事無時無刻不在發生，每當人有了想法或者進入了漫長的思考模式，他就開始了一連串的創造過程，而透過這些想法一定會獲得某種發現。」因此，吸引力法則既然可以幫你找到一生的愛人，也同樣可以幫你吸引到想要的事物。我們每一個人都是自己世界的創造者，任何自己所創造出來的願望都會實現在生命中，這其中也包含找到一位靈魂伴侶。如果你大部分的時間都認為自己的感情很辛苦，也厭煩了兩個人的約會模式，那你內心的感受一定非常不好，這些負面的感受通常會導致某些狀況，要不就是你的工作量會大增，要不就是一點戀情發展的機會也沒有。但你只要能用心感受內心所期望的事，用支持的語氣說話，就會啟動強大的創造動能，可以將任何渴望的事拉進生命裡。說話時要說正面的話，不要說負面的話，內心要有正向的感受而不要有負面的感受，雖然這需要一些時間的練習才能上手，但請千萬不要放棄，就讓吸引力法則幫你實現願望，請你相信也請你了解，你的靈魂伴侶正朝你的方向走來。

使用吸引力法則其實很好玩，因為你總會等待並期望願望能夠實現，而現在的你正在為自己創造命運！正如愛情博士麗莎（Dr. Lisa Love）在《不再是祕密》（*Beyond the Secret*）一書中所提到的，一個人在等待靈魂伴侶出現的同時，也會不斷讓自己變得更具備靈魂伴侶的特質（請見第六十一頁練習），這樣的好處是，無論你是否已找到和你共度一生的人，都可以在過程中吸引到更多重視精神層面的人，他們會讓你更懂得如何去愛、去享受自己的生活。

靈魂伴侶功課

什麼樣的想法會讓你感到興奮？

靈魂伴侶功課

透過什麼方法可以讓你更具有靈魂伴侶的特質？

第四章

讓自己保持好的振動

還記得海灘男孩合唱團（Beach Boys）唱的那首〈感覺正好〉（*Good Vibrations*）嗎？每當我告訴自己要釋放「好的振動」時，腦海裡就會開始唱起這首歌。透過吸引力法則，你想獲得一種興奮的感覺，也想釋放好的振動去吸引屬於自己的靈魂伴侶。

現在我要談一些有關能量和振動的有趣事實。一個人的想法與感受越晦澀越消極，屬於精神層面的能量與振動，就會關閉得越多。這些消極的想法與感受，讓你沒有任何靈感來改善生活，也讓你無法產生積極的振動，因此你感受不到自在與光明。這就是歡笑與悲傷、平靜與壓力、以及明白與挫敗間的差別。好的振動會為生命帶來好的際遇，不好的振動則會帶來不好的際遇。你的心情越愉悅、越快樂、越是無憂無慮，相對應的振動頻率就會越高。而當你的振動頻率越高，所產生的吸引力就越強大，也就越容易吸引到積極的人做為你的靈魂伴侶。

❖即使處在振動不好的環境，也要維持好的振動

高中時我很不受到大家的歡迎，原因是我有一頭亮紅色的頭髮，臉上還長著雀斑，因此常被其他人取笑，但久而久之我也習以為常了。每天早上我必須搭公車上學，卻常常受到其他學生無情的對待。當時，我壓根兒沒聽過「吸引力法則」，但卻在無意中使用起這個法則。我的做法是：每天早上離開家去搭公車前，心中要有正面的想法，以提高自己的振動，這麼做真的讓我心

情很好，也讓我的每個細胞充滿了愛與溫暖的想法。我後來到公車站搭公車時，其他學生對我的態度竟然產生了明顯的變化，現在回想起來，真不知道當初是怎麼想到這個辦法的，但這個辦法的確非常有效。

對生命充滿熱情與興奮之情，並知道世界上的好事隨時都在發生，而自己能身為當中的一分子，是何等幸運及令人高興的一件事，這是提高振動最理想的辦法。但周遭的環境若陷入一片消極中，要如何才能維持好的振動呢？我們每天看到的不是新聞，就是娛樂節目，不是愛講八卦的同事，就是路上緊張焦慮的司機，到郵局會看到不開心的郵局員工，到銀行也會看到排隊排得不耐煩的顧客，這些例子真是不勝枚舉。

但好消息是，你可以選擇從能量出發，一個人只要能選擇寧靜、歡樂及輕鬆的過生活，他的振動頻率就會提高。在路上遇到令人生氣的事，真的有必要向人比中指嗎？郵局排隊排了十幾分鐘就真的值得生氣嗎？我的確遇過一些因為多等了幾分鐘就動怒的顧客，不知道現在的狀況是否還是一樣，但我記得曾經有人告訴我，俄羅斯的人通常得排上好幾個小時才能買到一條麵包，相較之下，我們真是幸運多了，能夠生活在如此便利的環境中，想要的東西幾乎隨手可得，但卻也因此習慣立即擁有某件事，不願再多等待一分一秒。現代生活的壓力，時常折損我們對生活的熱情，生活大多成了例行公事，再不小心，我們很容易停滯不前。但有件事你必須知道，那就是

靈魂伴侶功課

什麼情況下會讓你心情不好？

靈魂伴侶功課

除了「熱衷」、「熱情」及「熱忱」，
你還想得到其他意思相同的形容詞嗎？

如果有人生氣、因壓力大而焦慮、或者單純很沒禮貌，你和這件事一點關係也沒有，因此不需要做出任何回應。

前不久，我開車遇到一個人當著我的面左轉，當時正好是綠燈，我是直行車，但那個人卻在我面前直接左轉，還對我揮舞拳頭，作勢要打我。在那樣的情形下，我大可以向他比出「中指」，但我並沒有這麼做，反而笑了一笑，還送他一個飛吻，我的用意是將我的能量和振動維持在一個高的頻率中，不要被一個陌生人的負面能量破壞了。

❖是巧合還是你自己停止了好的振動？

現在你可能會想：「怎樣才能提升我的振動頻率呢？我必須監督每一個想法嗎？這麼做似乎很累人也不太可能？」不用，你不需要這麼做。既然是人，就難免會有情緒起伏，難免會遇到不好的事情發生，但即使如此，我還是會試著維持高頻率的振動，靠的是不斷對自己說些鼓勵的話、不斷的禱告，以及每天唸一次我寫的小抄。我有一隻心愛的小狗叫達芬尼，牠已經十七歲了，最近因肺炎而住院，我畢竟是凡人，為此身心交瘁。我當時認為牠大概撐不過這次了吧？也許就會這麼走了，但坐在動物醫院等待時，我從皮包拿出了為心靈加油打氣的小抄，一邊唸誦時，一邊想著和達芬尼在一起的美好時光，我知道生命是一個循環，我必須堅強以對。

達芬尼後來竟恢復到超過牠這個年紀該有的體力，但更令我吃驚的是，牠在醫院只不過住了兩晚，醫藥費竟然高達二千二百美元，我望著帳單，心中既苦惱又生氣，前不久才付清了信用卡帳單，正享受無債一身輕的感覺，沒想到現在又再度負債。但想到這裡，我立刻警覺到繼續想著這些不願發生的事（達芬尼的醫藥費帳單以及我的卡債），只會召喚來更多相同性質的事情，那麼要付清帳單就會更加困難，於是我隨即制止了這樣的想法，立刻改變了自己的心態。於是我小小禱告了一下，感謝上蒼讓我有能力負擔達芬尼的醫藥費，也感謝老天爺讓達芬尼平安無事。三天後，我到會計師那去辦理退稅的事，你猜政府退了我多少稅？沒錯！正好是二千二百美元，於是我用這筆錢付清了帳單，一切都順利解決了。

我的重點是，你可能偶爾會覺得沮喪或心情不好，但只要有正確的想法及感受，情況還是可以改變的，因為正面的想法與感受比負面的想法感受力量更大。再怎麼樣我們都得為自己的感受與反應負責，所以我們不如選擇保持心情平靜。《奇蹟課程》（*A Course in Miracles*）裡有一句話是這麼說的：「你要的是對錯還是快樂？」我不知道你的想法如何，但我想要的是過快樂的生活。如果下次有人開車直接插入你的車道，你知道自己該如何反應。

靈魂伴侶功課

過去曾發生什麼事，你實在難以用巧合來解釋？

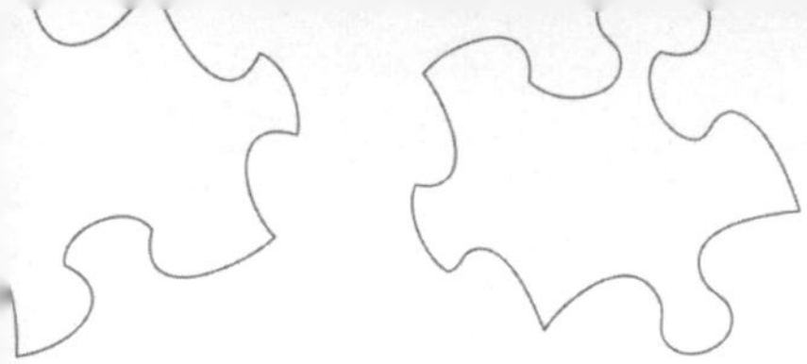

第五章

停止尋找，開始吸引

既然你已了解吸引力法則的基本使用技巧，那我們就可以來討論第四個步驟，要發自內心相信靈魂伴侶即將到來。你的觀念可能像大多數人一樣，認為除非自己下工夫、花時間、汲汲營營地去尋找，否則找不到靈魂伴侶。因此每次到了俱樂部、餐廳、健身房、或宴會等，可以找到適合人選的場合，你總是會把在場所有的人掃視一遍，還會問朋友認不認識場中的哪一個人。你會將照片刊登在各大徵友網站，你還會參加各種聯誼活動或單身派對，嚴格說來，你就像在尋找副業一樣地積極在尋找另一半。

以交友網站為例，你選擇到某一個網站上去交朋友，但光是瀏覽網站上的個人資料，再逐一挑出你有興趣的人選，就可以花掉你大多的時間。但事情還不止這樣，你還得一一寫信給你有興趣的每一個人，之後你很可能再花很多時間和這些人講電話，終於，你看上了某一個人，並決定和他見面，不料見了面才知道這個人在網路上貼的是幾百年前的照片（甚至根本不是本人！），或者他原來還沒離婚，只是在談天的過程中「忘了」表明而已，亦或是來會面的對象，原來還有三個五歲以下的孩子，整個過程不但浪費時間而且耗費精力！現在想起過去我付出多少心血，尋找並思索各種遇到白馬王子的方法，我真的覺得那好累人。

因此，我現在就要來減輕你的負擔。我的建議是，請你終止一切搜尋靈魂伴侶的動作，沒錯，不必再抱著下一個場合就會遇到的心態，也不用擔心在超級市場排隊結帳時他就站在你前方，我要教你的是用吸引力法則，自動把靈魂伴侶吸到你身旁。一個人只要做好心靈的功課，靈魂伴侶自動會來找你。一旦有一天他出現在公車上時，你會覺得整個過程毫不費力氣，也很神奇。你或許會想：哇！這怎麼可能是真的？怎麼可能什麼事都不做，就會有白馬王子出現在我門口？當然不可能，你還是得出去好好經營自己的生活，不要像尼姑或和尚一樣隱居在自家公寓裡，走出戶外享受人生，並接受別人的邀請。你還是需要走到外面世界才能遇到適合你的人，但不同的是，你做這些事情時，心中不要懷抱著能找到「最佳人選」，而是要抱持著這樣的態度：這麼做讓我很快樂、讓我學到新的東西、或者讓我可以有全新的體驗。也只有這樣，你才會奇妙的遇到你所要尋找的人。

❖為何「尋找」的代名詞可能是「失去」？

這裡有個例子，可以說明為何存有「尋找」的念頭反而會帶給人麻煩？你或許聽人說過要認識新朋友，酒吧或夜總會絕不是最好的地方。但事實上，這些地方並沒有絕對的好與壞，好壞是要看那一晚你遇到什麼人而定。因此，你要知道，世界上沒有所謂的「好地方」或「壞地方」，能否成功遇到合適的人，和心中是否存著「尋找異性」的態度有關，和地點卻一點關係也沒有。如果你出去的目的是為了要「尋找異性」，那麼你很可能會感到失望和沮喪，凡是想著

「我迫不及待要展開戀情」，或者「我今晚就會遇到我的白馬王子」的人，最後都會得到反效果。

我有一個單身女朋友叫吉娜，每每與她相邀去喝酒，就會發現她整晚頭不停的轉來轉去，就像《大法師》（*The Exorcist*）裡的主角琳達．布萊兒（Linda Blair）一樣，不但沒有放鬆心情，也沒有好好欣賞我談話的風采，我知道她這麼做只是想看看在場有那些人？有沒有出現什麼新面孔？老實說，她太過專注在找靈魂伴侶，卻因此失去了一整晚的悠閒。因此最好的辦法是要好好過自己的生活，要向異性展現自信，並且要珍惜和朋友相處的時間。

我的另一個朋友名叫雪利娜，有天下午她打電話給我，告訴我當天晚上當地有間法國餐廳要舉辦國際單身派對，男女皆可報名參加，她問我願不願意一塊參加，說是對我的事業會有幫助。起先我以太累為由拒絕了，但最後還是在她說服下答應參加了，我們相約到那裡再會面。等我到的時候，雪利娜正站在靠近吧檯的地方，手拿著一杯葡萄酒，正和一位男士聊天，我走了過去說聲「嗨！」她聽到我打招呼，立刻轉頭跟我說：「或許你也不想留下來吧！說實在的，這裡真的沒有什麼，現場沒有半個是會引起我興趣的人。」我說：「或許吧！但我們還是可以一起喝喝酒啊！畢竟我們也好久沒見面了。」沒想到她竟然說：「我們是可以一起喝酒啊！可是我今晚必須找到一個對象才行。」我一聽她這麼說，真的感到十分錯愕，於是看著她說：「去啊！去釣男人吧！那我這就回家了！」

你是不是急著想結交異性，旁觀者一眼就看得出來，所以請你要做就做一個有格調的人，向所有遇到的人證明你很享受和朋友在一起的時間，而且不管發生什麼事都能自得其樂，讓大家知道你是來享受人生的，並沒有任何不可告人的動機。這麼做的好處是，一來你會對所發生的事感到愉悅而驚奇，二來你也比較可能遇到或吸引到一個高格調的人，從你身上，他們會知道如何用親切及尊敬之心來對待別人。

同樣的道理，如果你希望透過相親或網路交友的方式遇到某個特別的人，請不要每次赴約就由衷地盼望，那個和你見面的人就是你要找的對象，相反的，如果你只抱持著去認識新朋友的態度，不但可以擺脫不少的壓力，即便兩人最後不來電，你也不會大感失望。說不定到最後你還會因此交了一個新朋友，或賺到了一筆生意，也說不定這個人最後會變成你另一個女性朋友最速配的對象，因此請無論如何要保持冷靜、展現甜美的笑容並且要玩得盡興。

❖感受那股能量

那麼，要怎麼做才能脫離「尋找」模式，進入「吸引」模式以吸引靈魂伴侶呢？二十年前如果我就知道透過感覺可以將想要的事物吸進生命裡，那麼我鐵定可以免去許多不必要的悲傷，因為過去的我也是那種會鍥而不捨去追求一段戀情的人。我所屬的教會常常會唱一首歌，歌名叫做〈我放手，順其自然〉（*I release, I let go*），歌詞大概是這樣：「我放手，我讓它走，任由靈魂掌管我的生命，我心開闊，是的，我是為主而活。不要再有困擾，不要再有爭吵，因為信仰，我看到了光，我的靈魂得釋放，是的，我為主而活。」這首歌提醒我，可以把一切的憂慮、緊張及挫折丟到九霄雲外，只要照著吸引力法則的四個基本步驟，做好我的本分就好了，因此容我再重述一次這四個步驟：

❤**清楚自己不想要什麼。**

❤**然後了解自己真正想要什麼。**

❤**進入你想要的那種感覺。**

❤**期待、聆聽並任其自然而然發生。**

你現在應該了解，要找到靈魂伴侶，其實應該先進入你想要的那種感覺。不要再東張西望、引領期盼，只要用心感覺，這並不難……就是感受內在的能量罷了！有能量就能創造，只要有熱情的能量，就能吸引到你想要的事物。你可能會想：「對一個我根本沒有的東西，我要如何懷抱熱情呢？」其實這很簡單，首先，要每天提高自己的振動，而要提高振動就要懂得珍惜身邊擁有的事物。此外，還要每天讓自己進入一種「熱情」的境界中，要做到這一點就要對周遭這個美好世界心存感激。

每天清晨散步時，看到美麗的花朵及植物，我總會感到驚訝萬分，這些植物是怎麼來的？一顆小小的種子是如何能轉變成這樣一朵色彩繽紛的美麗花朵？這些繽紛的顏色從何而來？花的香氣又是來自何處？有些花是紫色的，摸起來像天鵝絨，有些則是紅色，質地摸起來硬硬的，但表面卻很光滑，究竟是什麼原因會呈現出天鵝絨般的觸感，有的則光滑的像蠟一樣呢？每當我望著蜂鳥、松鼠或頭頂上的天空，內在的能量就會向上提升並且向外爆發。這也就是為什麼，一個人只要能品嚐到自己喜愛的食物，聽到一首優美的曲子，或者看到別人對著你笑，馬上就會感受到生命的熱情，因此請你不要再一味專注於尋找白馬王子或白雪公主，應該多注意生命中其他美好的事情。

❖啟動你的感覺

所以，不只宇宙在創造，你也在創造，換句話說，我們正和宇宙一起創造這個世界。有好的感受就會產生好的能量，再加上正面的想法，沒有任何事你不能完成，即便是最狂野的願望，你也能夠達成。除此之外，你會吸引到一個靈魂伴侶、一份新的工作、一種健康的狀態、一部新車，以及其他你所在意的事情，這一切憑藉的就是這些想法背後，那種正面、溫馨且強而有力的感覺，因此，請每天確定自己有盡好本份，出現在人群中、活在當下，並且快樂的產生振動。

在吸引靈魂伴侶時，很重要的就是要保持好的感受，因為好的感受會釋放好的訊息到宇宙中，讓你開始吸引所期望的事。請開始對自己想要做的事產生好的感覺，讓自己了解得到想要的事物是什麼感覺，同時也要讓自己完全相信，這個夢想一定會實現，而且也是你應該獲得的。你必須在腦海中想像你想要的東西，在心中想著得到的感覺，並且有信心夢想能夠成真。

無論你正在做什麼，只要你願意，隨時都可以啟動內心某種溫暖的感覺，因此不論你是在化妝、清貓沙，還是在登機、烹煮晚餐，請隨時開啟這種感覺吧！如果你希望展開一個新的人生，無論如何一定要隨時隨地啟動這樣的感覺。

靈魂伴侶功課

你對什麼事心存感激？

什麼事會讓你充滿熱情？

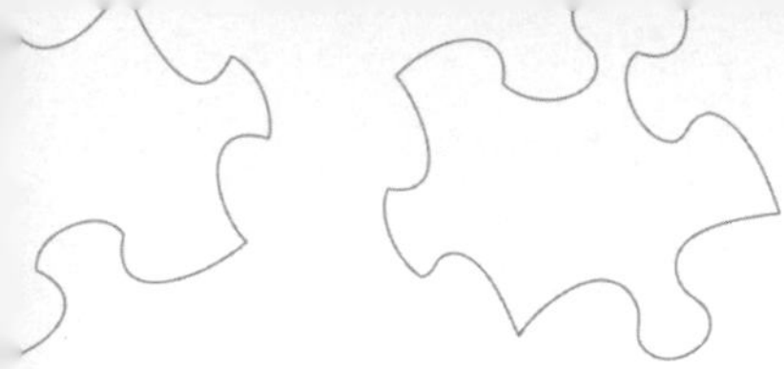

第六章

用熱情加速動力

在替人作媒的過程中，我會對前來找我們服務的客戶進行訪問，訪問中我會請他們用一些字描述自己。而據我所知，在眾多答案中，「熱情」（Pass onate）是大家最普遍常用的字，到底「熱情」是什麼呢？我想最吸引我的定義莫過於「一種強烈的情感，可以迫使人付諸行動。」一個人只要發自內心對某件事有熱情，就一定會有所行動。而我在駕馭自己的創造能量時，也喜歡加進「熱衷」（Enthusiasm）這個字，因為熱衷是一個人對提案、目標或活動，有著真實、熱切的興趣與嚮往之情。一個人若熱衷於想要的事物，其實就是用完全的熱情把想要的事物吸過來。此外，「熱忱」（Zeal）也是另一個充滿力量的字，一個有熱忱的人，會動力十足且持之以恆的去追求一個目標，或投注心力在某個事業上。

一旦能用熱衷、熱情與熱忱去駕馭你的創造能量，你就能完全體驗每一天、每一分與每一秒。熱情會從你身上慢慢輻射出去，把感覺好的振動送到宇宙間，然後再將你渴望的事物吸引進來。一個人會吸引什麼事，和他所做的事、他的價值及品德一點關係也沒有，唯一有關係的是這個人振動的情形。想想如果你做一頓豐盛的餐點，寫了一首優美的曲子，跟著一首最愛的歌跳舞、畫了一幅畫，或坐在法國巴黎的艾菲爾鐵塔前細細品嚐著香檳酒，你的感受會有多麼熱切？會從事慈善工作，幫助別人或愛護環境的人，總是對自己所做的事充滿著許多的熱情，能為世界盡一分心力，就會觸發內在強有力的振動。

我們當然也認為熱情應該與愛情歸類在一起，你可能會問：為什麼愛情總是那麼令我們如此著迷呢？在我們的文化裡，人們認為兩性間浪漫又激情的愛，是令人無比快樂的事，而我們在追求愛情的過程中，最讓人不可自拔的也就是那種戀愛的感覺，那簡直就像在渴求某種藥物一樣。我們希望能和另一半結合，而這似乎是與生俱來的一種潛意識的人類需求，舉世皆然。我們在尋找靈魂伴侶的過程以及最終能和靈魂伴侶在一起時，都會產生一種熱情，令每個人都著迷。但我們可以做的，除了著迷以外，還可以自行激發出這種熱情，讓熱情來幫助你吸引到靈魂伴侶。

但事實上，熱情也可能遭到誤用，有些女人因此變得小題大作，就連我自己也曾經犯過同樣的錯。以前我對每件事都充滿太多熱情，以致於使一些不重要的事反而在我的生命中占了重要的地位，例如，即便我知道某個男生根本不適合我，但他不再打電話給我時，我還是會感到十分沮喪，但更重要的是，我當時非常習慣這種戲劇式的情節，所以一點也不以為意，因此，我吸引到更多類似的事發生在我身上。可見，熱情還要用在對的地方才行。

要用正確的方法運用你的熱情才是關鍵所在。用熱情的感覺讓你自己進入高振動的模式，這才是我們努力要做的。只要我們有好的感覺，振動的頻率就會加快，而我們原本就應該這麼做。試著讓自己達到越高的頻率越好，歡樂、興奮、感激、欣喜，以及所有那些很不錯的感官享受，可以等同於幸福與健康。有好的感覺，真的讓人感覺很好不是嗎？一旦你有好的感覺，你振動的頻率就越接近真實的自己，也只有在這個時候，你和靈性的自我才能在相當高的頻率中和諧共處。

❖將願望吸引過來的祕訣

要創造出自己想要的東西，方法真的很簡單：

培養好的感覺或壞的感覺、加進不同程度的情緒來增加吸引力，然後不論你喜不喜歡，就會得到你所吸引的東西。

到目前為止，我們總是不停的專注於所有不想要的事物上，這是我們以往用來形塑生命最基本的方式，舉例來說，我們常會想：「我不想再和不認真的男生約會了」，或者「為何好男人都被選走了」，我們必須充分了解什麼是負面的情緒？要如何察覺負面情緒？為何會有這種負面情緒？要如何才能轉化成正面情緒？這一點很重要，因為激動的情緒可以有積極的運用方法，也可以有消極的運用方法。

最近我和一位朋友共進晚餐，其間我們談論到各自在忙的事，我把這本書的出版計劃告訴朋友，並告訴她，能看到每件事都能照著預定的計劃走，我很高興。我真的對這件事充滿極高的興致，而且因為有好的振動頻率，我整個人容光煥發。我的朋友是一個辛苦的劇本創作者，多年以來一直為能夠賣出好劇本而努力，吃飯的時候她告訴我，一個紐約客竟然退出合夥的投資，讓她相當生氣，她整個人充滿憤怒與激動的情緒，完全不相信自己才華洋溢，竟然也會沒工作！為了這件事，她不斷地怒罵著。就我所知，她也有一本琳恩的《把好運吸過來》，但我很懷疑她有沒有讀過，如果讀過了，那肯定還需要快速重讀一次。這個女生有著無比迷人的氣質、魅力及才能，但因為不斷的指責別人，再加上痛苦及憤怒的情緒，她完全得不到所渴望的事。

所以現在就對自己發誓，每天都要在你的「情緒雞尾酒」中加入以下成份：灑上一些正向的想法，思考你生命中想要什麼事物，在情緒雞尾酒中混入對這件事物所產生的愉快感受，然後用好的振動搖一搖，直到它變成一杯好喝且會令人頭暈目眩的酒為止。然後喝下它，盡情享受那隨之而來的興奮感，其實我現在就可以想像，在你喝下那杯酒後，不論男人還是女人都會前仆後繼的愛上你。這是為什麼？因為你釋放出非常棒的振動，而他們就深深被這股吸引力所吸引。

❖不要在意結果如何

吸引力法則的第四個步驟就是要有所期待、仔細聆聽，並且接受靈魂伴侶的到來。但要有效實踐這個步驟，你必須訓練自己不去在乎結果會如何？只要知道自己一切都做得很好，而且願望也正在實現中就好了，你的工作絕不是去擔心、苦惱、困擾，或想盡辦法去產生某個結果。現在你已完成自我實現了，心理學家韋恩・戴爾（Wayne Dyer）表示，自我實現的人會有下列特質：

1. 不仰賴別人的好評價。
2. 不戀棧結果，把一切交由上帝決定。
3. 不會在權力上與其他人爭強奪勝，也不會想盡辦法用自己的能力說服或試圖去控制別人。

即便你心中已預訂好希望靈魂伴侶出現的時機，但還是請你相信宇宙的安排吧！不要太過急躁，也不要強迫自己立刻去接受一段戀情，如果你一切都還沒準備好，那麼時機就還尚未成熟。要知道每件事情後面都有一個驅動的力量，有了這樣的認知外，還要有耐心，並且每天要練習把注意力放在想要的事物上，進入那種感覺，如此一來你就會釋放出高頻率的正向振動，然後願望就會自然而然實現了！

靈魂伴侶功課

把你要如何吸引靈魂伴侶的方法寫下來。

第七章

放手去愛吧！

我們每個人終究會了解到，生命中有愛是多麼棒的一件事，這或許也可以用來解釋你為何選擇這本書的原因。愛不僅讓我們內心有好的感受，有些研究甚至還指出，一個人生命中充滿愛，可能會比別人活得更久。這麼說來，愛還真的擁有滿大的力量呢！不是嗎？一直以來都有人說，愛是整個世界上最強大的力量，要不然世界上還有什麼東西比愛更能影響我們的感受？顯然，愛有著至高無上的力量，而這也就是為何偉大的法國哲學家德日進（Teilhard de Chardin）會說：「等到有一天，我們可以完全了解風、海浪、潮汐以及地心引力的作用後，也就應該了解如何駕馭愛的力量。到了那個時候，人類將會第二度發現火的文明。」想想看被比喻成火一般的愛會是什麼樣子呢？

貝蒂．楊思（Bettie Youngs）在《心的禮物：讚頌生命重要時刻的故事》（*Gifts of the Heart: Stories That Celebrate Life's Defining moments*）中寫道：

愛是強大的催化劑，可以大大改變我們的生活。這世界上還有什麼比愛更能讓人向善的呢？還有什麼感情會比愛來得更深刻呢？我們收到或送出的禮物中，又有什麼會比愛來得更好的呢？有人相信愛是我們唯一存在的理由，而我們活在這個世上的任務就是要擴展自己的能力，讓自己能夠不斷的去愛，我們生命中的一個使命就是要學會去愛，要發自內心去愛，要用愛來指引內心方向。

值得慶幸的是，我們都有能力把這股愛的轉變力量帶入生命中。

我們能夠給別人愛，這就說明了一件事：人類的內心有著奇妙的動力，想要一而再、再而三的去探討，人心到底需要什麼？即使有時候，我們內心會失去或排斥某種不適合我們的愛，但我們還是會重新再去尋找與追求愛，有句話大家應該都聽過：「這個世界因為愛而轉動！」

我們不需要別人提醒，就應該知道愛是生命的本質，但雖然我們都需要愛，並不代表我們就知道自己需要或適合什麼樣的愛。因此每個人都要清楚愛對自己及對別人的意義，找出適當的界限，讓每個人都能享受到健康且相互給予的愛，這是每個人在愛的路上必須學習的功課。也因為有了這樣的難題，我們可以證明愛不僅會讓世界轉動，有時候還可能讓我們的生活轉動超出控制範圍。亨利．梭羅（Henry David Thoreau）有句話說得沒錯：「說到愛這件事，我們的內心永遠是缺乏經驗的。」

❖大膽接受愛

別擔心，我是來幫你的！你的生活不一定會因為愛而失去控制，只要你從現在開始就了解什麼樣程度的愛才算健康的愛。要有健康的愛，你和伴侶之間就必須互相尊重、彼此要有同理心、要對對方誠實、並且要忠於兩人的愛，而且很重要的一點是，你要了解這是你應該得到的，不管你現在的工作、財務、健康狀況，也不管你的社會地位，都要相信你一定可以找到陪伴你一生的愛人。有句話你可能聽了不下百萬次：「生命就像一趟旅行。」不管你的生命旅行已走到哪裡，都要對自己有信心，只要自己想要，一定可以和愛人共同擁有令人滿意的關係。

但是，你可能會說：「瑪拉，我一直努力告訴自己要有信心，美好的伴侶即將來臨，可是等了好久就是等不到，怎麼辦？」我想這可能是因為你努力過了頭，反而阻止了戀情難以發生，也可能是因為你和我多數的客戶一樣，被許許多多沈重的「應該」給壓得喘不過氣來，我想下面這些例子你應該不陌生：

1. 我應該先減肥才能吸引到靈魂伴侶。
2. 我應該再進修一段時間。
3. 我應該要等到經濟狀況穩定了，有了某種程度的收入後再說。
4. 我應該像其他女性朋友一樣去隆乳。
5. 我應該等小孩子長大後再說。

很多時候，我們生命中的這些「應該」只是推拖事情的藉口，起因是我們害怕、也不願意去做真正應該做的事。在諸多會帶來負面振動的感覺中，恐懼就是其中的一種，會趕走你真正想要的事物。但你或許會繼續問：「可是，瑪拉，妳的說法好像不是很切乎實際，因為如果我的體重減輕了、變得更有錢或更有學問等，難道我的魅力不會加分嗎？這麼做難道不好嗎？」

能這麼做當然很好！如果這些「應該」都是你真正想達成的目標，那就是你真正想要做的事，但話又說回來，你可以在生命的旅程中慢慢實現這些事，不需要因為自己覺得應該做什麼事，而把其他事給耽擱了。我非常相信「每只茶壺都會搭配一個茶蓋」的道理，如果這個人是你人生中的最佳伴侶，他應該也不會在意你身邊是否跟著拖油瓶，有沒有大學畢業，或者胸圍是不是只有A罩杯等，一個人的情況總是會慢慢改善，也總會不斷的向上提升自己的能力，所以你不需要過度擔心，也不需要因為尚未達到可以與異性交往的最佳狀況而倍感壓力。這些「應該」當中，有些可以成為你對自我的挑戰與自我實現的目標，督促你不斷往這個方向前進。請務必要從正面的角度替自己設想，並用愛與關懷善待自己。

❖用目標取代「應該」

所以不要再想著「應該」做什麼，而是要用目標取而代之。

每當你立下了一個目標，就等同於和自己簽了一份契約，為自己設定了一個進程，讓你可以順利把目標完成。但如果你心中老是想著「應該」做什麼事，心裡就會產生某種罪惡感及壓力

靈魂伴侶功課

你認為有那些「應該」做的事

反而阻礙了你去尋找自己的靈魂伴侶？

感，「哎呀！我應該做這個，也應該做那個，如果那一項沒做到，我就是失敗者，要不然就是我不夠專注在這些事情上。」但為何不換個心態這麼說：「我有一些要努力達成的目標。」這樣的語句帶有正向的涵義，也讓生命變得有趣而刺激，有目標是一件很好的事，因為有了目標我們就會讓自己變得更好，也會努力創造更美好、更充實的人生。

拋開所有「我應該如何」與「我要是能怎樣」的說法，要達成目標，你必須要付出心力、要堅持到底、要有耐心，也要投入足夠的時間，但一切的努力過後，你可以預期成功的到來。雖然你控制不了風的方向，但你卻能控制船行的方向。

此外，別忘了你自己是誰？你是一個奇蹟，也是上帝的恩典，你是一個靈魂，你決定自己適合做什麼樣的人，你就會成為那樣的人。關於自己應該要定位在哪裡，不要再存有以前那種侷限的想法，無論你現在處於哪一個位置，你的最佳男主角或女主角都會愛你。

❖把能量閥打開

因此，我們所要做的就是用有利自己的方式來運用能量，畢竟能量是存在於我們體內的，除了我們，沒有人能控制。我們可以用自身的能量，把很不錯的親密關係拉進生命經驗中。通常我們體內只會產生一種能量，要不就是正向的能量，要不就是消極的能量，兩種能量的作用力大致相同，只有振動的方式不同。我們在思考時，也同時在感受；我們在體驗感受時，也會同時產生振動；而一旦我們開始振動，就會開始吸引外在事物。你不需要為了要學會怎麼分辨好的感受與壞的感受，開始去剖析自己的過去，接受心理治療，或重新喚起不好的回憶，你看來似乎再幸運不過的事，事實上都是靠你正面的振動拉進來的好事。

我無法告訴你究竟有多少次我要專心做每天的工作時，心思就會開始遊蕩到負面的事物上，然後過沒多久，我的頭就會不小心撞到櫥櫃的門邊，簡直快痛死我了。負面的想法真的很危險，只要我使用了錯誤的能量，我就會撞到頭，我真的很訝異在撞了那麼多次後，我的頭竟然毫髮無傷。宇宙的法則以很快的速度在運作，我有很多次都有這樣的體悟。

琳恩在《把好運吸過來》一書中提到，每個人都要打開自己的能量閥，因為一旦把能量閥打開，我們就會產生好的感受，也就意味著正向能量會朝我們流過來、通過去，然後流出去，我們也會積極地創造。但如果我們關閉能量閥，那麼身上流動的能量就是負面的，我們不但會抗拒能量自然而然的流動，也會消極的創造。因此，只要我們能明確說出我們想要什麼、期待什麼，就可以把能量閥打開，讓能量和感受能自然而然的流動，一旦我們準備好了，就把能量閥打開，讓自己有好的感受，就等於打開神奇的能量閥，讓高頻率振動的能量能從我們身上通過，所以在談到正在交往的對象，或希望交往的對象時，很重要的一點就是要把心閥打開。

我有一個客戶名叫詹姆士，我敢說他的心閥肯定是關閉的。他已經快四十歲，長得很高，有一頭金黃色的頭髮，還有著男孩般帥氣的臉龐，由於很會理財，所以年紀輕輕就很富有，此外，他的反應很快、個性也很外向，照理說，很適合可愛有趣、像鄰家女孩般的女士。經由我們的介紹，他和十幾個女生見過面，根據他的說法，在這之前他也曾透過像網路交友等方式，和其他女生約會見面，所以已有過不下百次的經驗，但據我了解，在這些約會對象中，很少有人會再與他見第二次面，難怪詹姆士會這麼的沮喪和消極，但其實早在那麼多次的失敗經驗之前，他整個人是充滿失望和消極的情緒，每次約會就抱著一定會失敗的念頭，所以每次約會當然也就註定不會成功。請記住「氣味相投」這個定理，我們常常吸引到的結果，就是我們所期望的結果。我和一些接觸過詹姆士的女士聊過，他們都覺得和詹姆士講電話是個很不舒服的經驗，所以根本也不會想和他約會，甚至還有位女士告訴我：「和詹姆士約會真的很痛苦，那兩個小時的時間，是我永遠也不想再回想起的事。」

我要幫詹姆士解決這個問題時，他自己也坦誠：「沒錯，在和最後這個女生聯絡的時候，我知道自己不會成功，所以一點也不在意。」當時我介紹給他的這個女生是個讓人一看就喜歡的類型，但他真的太消極了，打從一開始，振動的頻率就很低，所以根本就沒想過要試著約這個女生出去約會，詹姆士可以說完全沈浸在消極的情緒中而不自覺，就好像消極成了他的朋友一樣。

靈魂伴侶功課

請寫下五個想達到的目標，這是你對自己擬定的契約，目的是要改善目前的生活或讓自己變得更好。

他知道自己只能和「不成功」相依為命，所以根本就不想努力。他照例行公事打電話給對方，卻不確定自己是否對這件事感到愉快且有興趣，也不確定對方是否也很期待見到他，即使真的和對方約出來見面吃晚餐，他也會和約會的對象坐得遠遠的，心裡只想著：「這不會成的。」像這樣消極的態度及能量就會大量的流向他。

最後，我打電話約他見面，因為我真的不想再看他浪費自己的時間和金錢，我希望能讓事情有所轉變。於是我開始傳授給他琳恩的技巧，並告訴他如果想要吸引到一個親密伴侶，必須開始培養積極的振動。我跟他說，如果他產生的是消極的振動，心裡老是往壞的地方想，生命中所出現的就是這些不好的事。我還把這本書裡所提到的吸引力法則解釋給他聽，並要求他要照著做一個月，他不但不會有所損失，還會在每件事上有所收穫，他雖然覺得我有點古怪，但還是同意了，不到三個禮拜，他就很開心的交了一個可愛嬌小的女朋友，是個在學校教書的老師。

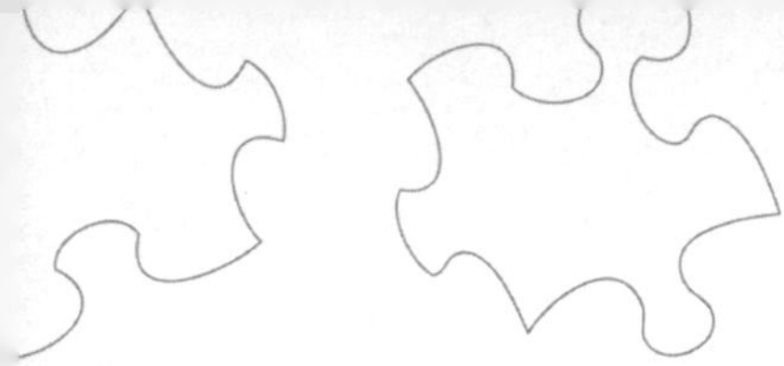

第八章

為自己找個好理由

想到愛情、想到靈魂伴侶、想到要有固定交往的對象、想到要結婚等等這些事，我們常常會回歸小時候的想法，這些想法會影響我們對伴侶關係的看法和期待。身為一個女人，我知道即使現在大多數的女性都和男性一樣擁有自己的工作，也有能力照顧好自己，但還是希望有個男人（白馬王子）會出現在她們面前，把她們抱到馬上，一起騎馬到夢想國度去，然後從此過著幸福快樂的生活。就我個人而言，我一生都在工作，也從未期望有個男人會來負擔我的經濟生活，讓我不再需要工作，但我的生活裡絕對還是需要一個男人，我需要他來幫我處理車子及電腦的問題，我需要他來幫我下載或上傳數位相機裡的照片，還需要他來幫我搞定一些困難的科技玩意。當然憑我的智慧，我也可以學會怎麼去換火星塞，或是找出網路突然不能用的原因，但我還是喜歡依賴男人幫我處理這些事情，因為若要我來弄這些事，我可能會頭痛地想跑到門外去尖叫，並且苦惱地拉扯自己的頭髮。

我們對伴侶關係會有的可能想法和期待，上述只是其中一個例子。事實上有很多人是為了應該談戀愛而去談戀愛，他們談戀愛的目的不是因為自己想要這麼做，或是已經準備好這麼做，而是把它當成一件必須要做的事。有時候，談戀愛的壓力總是在無形中自然而然產生。不知道你是否有注意到自己在單身的時候，總會遇到親朋友問你：「你有交往的對象了嗎？」或「你的感情還順利嗎？」如果你告訴他們目前沒有交往的對象，他們就會拼了命的幫你介紹，你的朋友也都覺得以你的條件是不可能會單身的。但另一方面，如果你的另一半很糟糕，感情很不順利，他們就會反過來問你：「你為什麼要跟那麼差勁的人在一起？」既然有那麼多人在找尋著自己的白馬王子或白雪公主，也難怪出現了成千上萬的交友網站、配對服務、相關的書籍及廣播節目，你隨便往哪邊看，都可以看到與尋找真愛有關的事物。

但首先我還是要建議你先仔細考量清楚，決定是否要立刻進入一段感情，請看看下面列出的這些理由，有沒有哪一點道出了你的心聲：

♥我很孤單寂寞。

♥我的所有朋友都各自有交往的對象。

♥除非有男人邀請我，否則我上不了好的餐館。

♥我媽媽一直追問我什麼時候要結婚。

♥我的生理時鐘在倒數計時中。

♥我想走出離婚（或上一段感情）的陰影。

♥我想找個男人養我，這樣我就不用再工作了。

♥我想報復或者故意讓某人嫉妒。

♥唯有摟一個漂亮女人，才會讓我覺得自己是個男人。

人很多時候總是輕易的就踏入一段感情，要不然就是硬撐著和不對的人在一起，原因是他們總抱持著「有總比沒有好」觀念。以珍妮為例，她是一個二度離婚的媽媽，有兩個小孩和一份不錯的工作，除此之外，還有一群非常支持她的女性朋友，即便如此，她還是一而再、再而三的進入不對的戀情中，現在她交往的這個對象不但會打她，還會口出惡言詆毀她，但她仍舊不想放棄，就因為她認為「再怎樣都比沒人陪好」。

❖與其身心受創地在一起，不如健康地過自己的生活

近來看新聞報導，總覺得好像每天都可以看到有人失蹤（大部分是女性）、有人殉情、有人被過去的愛人，或另一半所殺等新聞，所以我們即使再怎麼孤單寂寞，也要慎重選擇我們生命中的另一半。

這就是為什麼我要請你好好檢視一下自己，看看自己現階段是否已準備好接受一段感情了，或許你前不久才剛結束一段很不好的關係，或許你才離婚沒多久，也或許你的親人不久前才去世，在你需要療傷的時候，保持單身並沒有什麼不對，因為這麼做可以讓你投注精力在自己身上，確保自己重回完整、健全及健康的個體，準備好為對的人奉獻自己的一切。我很喜歡一句話：「寧可健康地一個人過生活，也不要飽受身心煎熬地和某人在一起。」

靈魂伴侶功課

列出五個讓你想尋覓另一半的理由。

要是你同意下列的任何一個說法，你就會為對的原因去談戀愛：

❤我熱愛我的生活，而且想和別人一起共享我的幸福。

❤我已經做好尋找靈魂伴侶的準備，也準備好接受健康的關係。

❤我想好好愛一個適合我的人。

當年和前夫交往的時候，記得我才二十七歲，自己一個人住，生活很不寬裕，家人又離我很遠，因為他們都住在別的州。我和前夫都在一家法式餐廳上班，他是餐廳內的助理主廚，而我負責的則是收銀的工作，很顯然他會開始和我約會，是因為他家離工作的地方約有四十五分鐘的車程，再加上沒有車，所以光是每晚下班坐計程車回家就讓他花了很多的錢。而我住的地方離餐廳只有幾條街的距離，於是他開始去我那裡過夜，其實我內心深處知道他是在利用我，但當時他是那麼迷人，而我又正好很寂寞，所以還是答應和他交往。我前夫不太會說英文（因為他是法國人），但我會說法文，所以他幾乎大大小小的事都依賴我幫他處理，就好像我是他的老媽子一樣，雖然我心裡知道我們不太可能攜手過一輩子，但還是不顧一切的和他結婚了，他會娶我則完全是為了方便起見，他也明白告訴我從頭到尾就不曾喜歡過我，但即使如此，我們還是勉強在一起過了七年的時間，但中間有很多時候我都是傷心欲絕的。

可想見，我當時是處在一種絕望的狀態，所以釋放到宇宙的能量也就傳達出「我自己不夠好，才遇不到懂得珍惜我、愛我、尊重我的人」的訊息，直到我開始為自己訂立新的期許，並不斷用正向積極的話語來肯定自己時，事情開始有了全新的轉變。回顧過去的自己，我可以了解當時為什麼會做出那樣的決定，也能夠開始慢慢的為自己做出更好的決定。

❖活在當下

人要記取過去的教訓，這雖然很重要，但也不要一直活在過去，我認為我們每個人都曾做過錯誤的決定，如果時間能夠重來，大家都不希望再重蹈覆轍，而且會採用不同的方式來處理，有這樣的想法都是很正常的。我自己很喜歡一句話：「在心靈層次上，沒有時間的差別。」專門教人如何保持心靈健康的史都華．韋爾德（Stuart Wilde）也常說：「在心靈的世界裡，我們擁有過去、現在和未來。」我們要重視過去，要從過去的經驗中學習成長，但也要活在當下，歡愉的迎接即將到來的事物。如果你正在讀這本書，我想你應該很期待靈魂伴侶能夠很快出現，但是千萬不要太過衝動，要珍惜自己的羽毛，想想自己要做什麼才能釋放出對的能量吸引到對的人。

你可以藉由下列三件事來提升自己的自尊及自我價值：

1.多同情一下自己。

要明白過去在感情上所遭遇到的挫折已成過去，每個人都會犯錯，也都會有判斷錯誤的時候，切記要從中記取教訓。

2.找出自己的優點。

列出你喜歡自己的地方，究竟有哪些特質讓你變得與眾不同，例如你的腿性感又修長、你的頭髮閃閃動人、你的微笑有著致命的吸引力等。如果你有對自己不甚滿意的地方，要試著去接納，不然就想辦法加以改變，如果你需要減重幾公斤，那麼就多做運動，如果你討厭下巴的那顆痣，那麼請將之移除，要不然就試著去喜歡。

3.避免和別人比較。

媒體所塑造出來的觀念無不在告訴我們，超瘦的身材及富裕的經濟能力才是生存的王道，因此有時候我們在拿自己和別人比較時，就會覺得自己還不夠好。請記住，那些頭髮梳得油油亮亮、整整齊齊的人，出現在媒體上只是為了要賺錢，你和他們不同，所以你不用照他們的方式來要求自己，只要樂於做自己就好。

隨著你越來越懂得珍惜及喜歡自己，你會發現自己在等待靈魂伴侶的過程中，變得越來越有耐心，而且因為你很滿意自己以及現階段的生活，所以要做到這一點應該不至於太難。

靈魂伴侶功課

列出你喜歡自己的地方有哪些？

第九章

增進愛的能力

拉妮是個離過婚的女人，現在快五十歲了，但看起來依舊年輕，身體也很健康，還有很棒的時尚品味。她有三個小孩，兩個已大學畢業，最小的一個現在才十幾歲，就讀高中二年級，除此之外，她還有一間不錯的房子，一份好的工作以及很多的朋友。任何人都會覺得拉妮擁有了一切，但她還是覺得自己的人生不夠完美，因為她沒有結婚。她說她想要找個人來陪，而這也是她人生最重要的目標。她的朋友形容她把這個目標當成某種「使命」一樣，說她每次出去總是再三考量是否能遇見某個男人，如果有女性朋友相約，也總是提議去能吸引單身人士前往的餐廳，若是受邀去某個晚宴，她還會先問參加的人中，有沒有適合交往的對象？但到目前為止，她還是沒有找到可以約會的理想對象，於是在認定「好男人都死會」的狀況下，她有了「能定下來就好」的念頭。最近她的舊情人又再打電話給她，所以她決定和他在一起，那個人其實對感情很不重視，通常只有在方便的情況下才會打電話給拉妮。因此，不用說，拉妮在兩人關係中並不開心，但儘管如此，她還是認為有人陪總比孤單一人好。雖然說她願意為這個男人耗費青春，但事實上，還是希望有一天能遇到好的對象。其實，她大可以離開這個男人，重新去接受另一段更健康且更合適的愛情，卻因為拉妮深信不管有多麼不滿意，「有人愛總比沒人愛好」，所以寧可繼續為這個不適合的對象浪費時間，但真的是如此嗎？

儘管浪漫不再、熱情已逝，拉妮還是願意和那個人在一起，但羅傑就不同了，你可以說他是個「愛上戀愛感覺」的人，對他而言，一旦熱戀時的熊熊烈火不再，他就會立刻捨棄這段戀情，然後再去尋求另一個可以取代的對象。他的解釋是：「熱情是愛情的全部，一旦浪漫不再或已耗損殆盡，就是我離開的時候，一旦我不再對一個女生懷有當初的熱情，我就會義無反顧捨棄這段戀情，然後繼續向前。」羅傑曾經在一年中換了九個女朋友，一開始他也都樂觀看待每一段戀情，而且從感情的強烈度來判斷，他總認為每一個和他交往的女生都可能是他夢寐以求的對象，然而一旦最初的激情不再，而且幾乎每次都如此，他就會為了得到更多的激情，而與原來的女友分手，總而言之，他對「愛」的定義就是「激情」。雖然想要保有戀愛中的激情是正常的想法，但若希望能和戀人長長久久、開花結果，甚至互許終身，激情並非十大必備條件之一。

❖為了錯誤的理由

拉妮或羅傑會不斷從一段關係進入另一段關係，他們的出發點都是錯的，在你認識的人當中，有人像他們這樣嗎？你是否也曾單身一陣子之後，就衝動的進入一段感情，原因是你還是不放棄有人作伴的機會？你是否也曾誤以為「日益減損的熱情」就等於「消逝的愛情」？這些戲碼事實上天天都在上演，如果你要進入一段新戀情時，一定要好好問問自己：「我準備好要談戀愛了嗎？是為了填補內在的空缺？還是為了享受戀愛中的感覺？究竟是什麼原因促使我想要找個人來陪？」

當然不是每個人都想要找靈魂伴侶，甚至不是每個人都希望能有一段長久的伴侶關係，有些人覺得一個人過生活也不錯，對他們而言，只要偶爾有人一起同樂，或是有個固定在一起的人就好，因為這樣一來就無需與對方共享自己的房子或經濟資源。如果你有這樣的想法倒也無妨，只要你能事先與約會的對象講清楚就好，如果你根本不想結婚，就不要欺騙那些認為你會改變心意的人，你們兩人得在彼此的關係上有共同的想法才行，如果你不想再婚，請你說明白。如果你不想要有小孩，也請你勇敢承認，很多人在這些話題上都選擇保留不說，原因是他們害怕失去正在交往的對象，但事實上要一個人浪費時間在不可能實現的夢想上，這一點對他而言真的不公平，不是嗎？因此你務必要讓對方可根據自己的慾望和需求，選擇要和什麼樣的人在一起。

❖解決你的情感包袱

有些人認為，每個人遲早都會想擁有一段長久的戀情，但在這之前，我們必須先解決一些情感上的包袱，這些包袱或許是源自孩童時期或前段戀情的不愉快經驗。以雪莉為例，她的原生家庭問題很多，爸爸經常一出門，就好幾個禮拜不回家，幾乎天天都泡在賭桌上，原因是他想藉由賭博來賺養家的開銷。雪莉為了脫離這個問題家庭，高中畢業就結婚了，但每當她向丈夫表達想在未來做一番大事業的夢想時，卻常常遭他潑冷水，於是過了不久，雪莉選擇離開這段婚姻。

可想而知，雪莉身上有著許許多的情感包袱，她很難相信男人，卻又常不由自主的和對她不好的人在一起，原因是她覺得自己本來就會遇到這樣的人，而且認定自己再也不可能遇到更好的人了。如果雪莉不處理她的情感包袱，很有可能她永遠也遇不到夢想中的好男人。但經過多次諮商後，她開始了解自己其實可以過得更好，也了解目前維持一個人的生活也不錯，她需要多花一點時間等待對的人出現，而這個人一定要尊重她並且平等的對待她。前不久她又開始約會了，這次對於約會的對象她很挑剔，由於雪莉已處理完原有的情感包袱，現在的她很有可能會找到生命中真正的白馬王子，如果你也像雪莉一樣，最後總是和讓你不快樂的人在一起，你可能也該釐清楚為何一直持續遇到這樣的戀情，找到原因後才去追求下一段戀情。

並非只有不快樂的童年才會在情感上留下「疤痕」，有時候我們也會受到從前戀情的影響，所以即使面對一個合適的好對象，也遲遲不敢接受。我們經常在結束一段戀情之後，會輕易的跳入另一段戀情，為的是要撫平傷痛，或者作為報復的手段，讓曾經拋棄你、讓你心痛的舊情人為此懊悔不已。然而，這種「彈跳式的戀情」（Rebound Relationship）很少會成功，因為倉促中選擇的新對象通常條件不是很好，也不會和你有很多的共同點，而且通常這個對象也會了解，你追求他只是為填補某種情感上的需求，所以大多會急於掙脫你和他的關係，一旦如此，你又得被迫接受另一次的分手，同時還要處理前一段感情所遺留下來尚未解決的問題。

因此，要是你才剛分手，就給自己一段時間好好去平復內心的傷痛，也藉此好好重新認識一下自己。但要是你仍舊期盼著舊愛的車子有天能從街上呼嘯而過，還一直在等待前男友的來電，或者只要看到有人像前女友一樣有著碧藍的雙眼，就會情不自禁落淚，那麼你就還沒做好準備往前邁進。無論如何，你勢必得先接受分手的事實，才能發自內心為另一個人付出時間和感情。

❖準備好再愛一次

當你一邊哀悼前段已逝戀情的同時，也可以一邊加強自己的吸引力，以期待下次能吸引到更好的伴侶。請衡量自己過去對感情看法是否不夠認真，要如何讓自己的態度變得更認真？你過去是不是沒有花很多時間陪伴愛人？你是不是動不動就接受到外地出差的工作，以致於你和伴侶缺乏相處的時間？你是不是處處挑剔伴侶的小孩，逼迫他要在小孩和你之間做選擇，以致於他不得不離開你？也或許你對另一半的感情太過疏離，忽略了要不時牽起對方的手，拍拍對方的手背？你是否捨棄了與朋友相處的時間，導致現在沒有人可人分享你心中的感受與想法？

請記住，愛人間的問題通常是雙方面所造成的，會分手，多數的時候，沒有誰對誰錯。當

靈魂伴侶功課

什麼樣的「情感包袱」可能是造成你無法找到自己靈魂伴侶的原因？

然，如果另一半欺騙你，幾乎大家都會說錯在對方身上，因為他選擇了和別人在一起。但你也得捫心自問，在交往時有沒有照顧到對方的情感需求，你有沒有可能讓他有種距離感，所以他寧可從別人身上找尋親密的感覺。雖然他的確不應該欺騙你，而是應想辦法解決彼此間相處的問題，但如果你也能從中學到教訓，避免在下一段感情中讓同樣的事情發生，你和未來伴侶的關係將會更加幸福。

那麼，你準備好去愛了嗎？你真的準備好可以完全付出感情，用心去經營一段長久的戀情嗎？還是你仍需要一些時間自己獨處，以便處理好自己的問題？請用以下的問題來反問自己：

❤我有沒有看到自己的生活模式總是從一段戀情移轉到下一段戀情，永遠不曾有過獨處的時間，所以也就無法好好了解自己？

❤我是否總是一而再、再而三愛上同一種人，例如：我愛的人總是忽略我的感受？或者我愛的人總是不在我身旁？

❤我是否因為小時候的經驗，而對異性產生不信任感？

❤我是不是還念念不忘過去的戀情，仍希望有一天舊愛能覺醒，並要求復合？

❤我是不是總在路上尋找著舊愛的車子？總在一群人中尋覓前女友的金色頭髮？

❤我是不是愛上了戀愛的感覺？是不是只要想到自己一個人就無法忍受？

❤我是不是太執著於尋找愛情，而忽略了朋友和家人？

❤我是不是害怕交往的對象離開，而沒有把交往的目的誠實地告訴對方？

❤我是不是因為不希望愛人和我分手，或者不希望再自己一個人，所以刻意忽略了戀情中所出現的問題（就是所謂的「危險標誌」）呢？

❤我是不是總仰賴別人為我帶來幸福？

❤我是不是只要想到未來要過著獨身且無性的生活，就頭皮發麻？

❤我是不是樂在享受新戀情開始時的興奮之感？

❤是否我的工作或生活作息讓我難以全心全意的去愛一個人？

❤是不是因為從小父母離婚，或是自己離過婚，所以害怕重蹈覆轍？

以上的問題中，如果你的答案中有「是」的選項，那麼毫無疑問的，你還沒準備好迎接愛情，你應當多花一些時間在自己身上，這才是對你而言較適當的做法。無論如何，請在進入下一段感情前，一定要儘可能讓自己擁保持健康的心靈，要做到這一點，方法有很多，你可以尋求心理諮商、或多與家人朋友聚在一起，也可以讀一些自我療癒的書，到無人干擾的地方靜修，重新去接觸原本就有的宗教信仰，或者培養一項興趣、找份新的工作。一旦你準備好把最好的一面呈現在另一個人面前時，只要你的身心越健康，你和愛人間的關係就會越健康。

靈魂伴侶功課

為了讓自己在情感上更健康，

我們可以怎麼做？

第十章

你是個有魅力的伴侶嗎？

我們當中有很多人在約會的時候，心中總有一個標準，暗自希望另一半的條件能符合。舉例來說，或許你已對辛苦工作來養活自己的生活感到厭倦，想找個事業成功的人來依靠，如此一來就可以離開這個沒「錢」途的工作，去做自己最想做的事——設計珠寶。也或許你非常注重養生，所以一定要找一個平時會運動健身、注重飲食、身體健康的人。了解自己想要找什麼樣的對象真的很重要。然而你在評估別人的同時，別人也在評估你，換句話說，你正在交往的這個人也在評估你能帶給他什麼好處，既然如此，你是否曾想過自己可以帶給未來的伴侶什麼好處？有沒有什麼特質是你所具備的，也是別人「想要的」？每個人都有各自的優缺點，在理想的情況下，另一半會欣然接受我們的一切，但事實通常並非如此，如果你想在找尋另一半的過程中有多一點機會，就必須從現實的角度來衡量自己，才能替自己增加優點，將缺點降至最低。自我評估和自我改善的工作真的很重要，這樣一來，你會變得更有魅力，別人一看見你，就會打從心裡被你所吸引。

我的顧客中有許多的單身女性，她們都認為自己很有魅力，一定可以找到金龜婿，可是卻從來不問問自己可以給對方什麼？有一次我請一位女性顧客把她要求的條件用電子信箱寄給我，她洋洋灑灑地寫了兩大張，信中羅列了一大堆的條件，例如她說：「我想住在比佛利山莊或馬里布（Malibu，南加州著名海岸度假勝地），或者兩地各有一間房子也可以。我喜歡旅遊，但若無法到半島酒店（Peninsula）或東方文華酒店（Mandarin Oriental）度假，四季飯店（Four Seasons）也可以接受。我也愛露營……比起工作，我比較想好好經營自己的戀情，我非常喜歡旅遊，而且喜歡搭乘專屬的私人飛機，如果沒有，坐頭等艙或商務艙也可以，也喜歡Coach（名牌包）……」這些例子只是其中的一小部分，她的信中盡是這樣的言論，都在期望未來的另一半能提供她什麼東西，因為有這樣的態度，所以我一點也不訝異年屆四十的她，一直都沒結過婚。不過，千萬別誤會我的意思，找個事業成功、生活過得不錯的男人是許多人的夢想，這並沒有錯，就連我自己也希望能住豪宅、搭頭等艙出國旅遊，但請記住男人希望你愛的是他這個人，而不是他的財產。

❖發現自己的優點

當然，我並不是說如果你約會的運氣一直很不好，問題一定出在你有個糟糕的個性，才會使得約會對象對你敬而遠之。兩個人不適合通常不是單方面的問題，而是雙方面的問題，每個人會遇到的情況也都不一樣。要衡量自己對異性是否有吸引力（我指的不只是外表的吸引力），不免會讓人有種不自在的感覺，想到自己的優點，你可能會覺得有點太過自誇或自以為是，但想到自己不好的地方時，又很難承認自己還可以把事情做得更好。

所以，首先，請你審慎評估自己有什麼優點？以下的問題或許能幫助你想起自己的優點，或者你還可以在這些問題以外，想到自己更多的長處，請針對以下的問題，回答「是」或「不是」。

□我已做好準備，能夠敞開心胸接受下一段新戀情嗎？
□我是一個有趣的人嗎？
□我願意嘗試新的體驗嗎？
□我是個健談的人嗎？我夠了解時事嗎？
□我的身體健康且保養得很好嗎？
□我是個很好的傾聽者嗎？
□我喜歡我的工作嗎？
□我的經濟無虞嗎？
□我有要好的朋友嗎？
□我很願意花時間在別人的事情上嗎？
□我會感激別人為我做的事嗎？
□我的想法很正面且心情很不錯嗎？

❖找出缺點

現在請你以同樣的方式找出自己的缺點後，回答下列問題：

☐我的脾氣很不好嗎？

☐我太過在意別人的想法嗎？

☐我和別人說話時總是一個人從頭到尾說個不停嗎？

☐我在工作中得不到快樂嗎？

☐我太過挑剔別人的表現嗎？

☐我很沒耐心嗎？

☐我說了很多負面的話，也道了很多別人的是非嗎？

☐我還在為上一段感情而難過嗎？

☐我是不是老古板一個，不願嘗試新的事物？

☐我是不是太固執己見，並且會批評別人的意見？

☐我聽到有關自己的評論反應是不是太過敏感？

❖提升自我的旅程

現在請你回想一下，在閱讀這些問題時，腦中有沒有特別想起什麼事？你真的有認真思考每個問題，並用誠實的態度來評估自己嗎？首先，如果你列出了很多優點，那麼我要恭喜你，也請你不要忘了在約會時好好展現這些美好的特質。如果你列出了很多的缺點，我還是要恭喜你，沒錯，就是這樣，千萬別訝異，因為我很欣賞你有勇氣承認自己需要改進的地方。相反地，如果你完全沒列出任何缺點，我懷疑你是否有從實際面好好檢視自己，畢竟，沒有任何人是完美無缺的。因此，在理想的狀況下，你列出的缺點和優點應該一樣多，從這些優缺點中你會知道，如何與未來交往的對象發展出長長久久的戀情。如果你的自尊心很強，要好好的談場戀愛就可能很困難了，更遑論要找一個和你相配的人。但如果你全身散發自信（但非過度自信），就會吸引到像你一樣條件不錯的人。

我現在要鼓勵你利用以下的空格，清楚列出優點和缺點，再請你說明針對每一個優點和缺點，你要如何處理。舉例來說，如果你認為「我有好身材」是個優點，那麼為了加強這個優點，你的處理方式可能會是「我要買的衣服是要能更加凸顯身材」。或者你認為「我的工作沒有前途」是個缺點，那麼為了彌補這個缺點，你會做的動作可能是「諮詢職業生涯規劃這方面的專業人士」，現在就請你做做下面的練習吧！

這項練習的目的是為了讓你能更加了解自己，如果你懷疑自己沒有改變的能力，請勇於尋求外力的幫忙，不要害怕。你可以去上相關的課程，可以去找諮商專家，也可以尋求朋友的協助，你無論如何都要想盡辦法加強你的「優點」，克服你的「缺點」，讓你對自己更滿意，最後你將會驚訝地發現，你能把最好的一面呈現出來時，也同時會把最好的人吸引過來。

❖我們怎麼看自己

你怎麼看自己？你有沒有想過這樣的問題？無論你察覺與否，事實上每個人都經常在評價自己，例如：你可能認為自己需要再減重幾公斤，也可能覺得臉上的皺紋太多、不夠聰明，或者你覺得自己現在就得繳清卡費，也或者你非常懊惱自己擠不進想要的社交圈等，諸如此類的事說也說不完。但重要的是，你很清楚自己的問題、困難及弱點在哪裡，而這是別人所難以了解的。

這讓我想起我第一次住在芝加哥（Chicago）時的場景，那時我已結婚，但老實說，我並不快樂，每天辛苦的賺錢，還要不斷地到處試鏡。我在一家餐廳上班，做事的能力其實和其他服務生差不多，我們有著相同的境遇，年紀也大致相仿。有一天我偶然從一個女服務生那得知，原來餐廳的工作人員都以為我是個閒閒沒事幹的貴婦，閒到發慌才會來餐廳當服務生。我非常訝異大

我的優點

如何加強這項優點

我的缺點

如何克服這項缺點

家竟會這麼想我，但事後心想這可能是因為我全身散發著一種上流社會的氣息，即使穿著餐廳制服，也很難掩蓋這樣的氣息。

幾年之後，我到洛杉機一家名叫「大期望」（Great Expectation）的交友社工作，那裡的顧客老是誤認我是公司的經理或老闆，即便到了現在這家公司，哪怕是在公司外碰到人，總會有人認為我是這家公司的老闆。所以不管我心裡害不害怕、有沒有安全感、工作辛不辛苦、經濟狀況是不是瀕臨破產，這都不重要，反正他們對我的看法，常常和我真實的情況完全不一樣。甚至有幾次，有人一眼看到我，就覺得我看起來像是個討厭鬼。哇！這未免太令我驚訝了吧！我自認是世界上最平易近人且最友善的人了，但就是有些人，一看見你事業很成功，就會自然而然有這樣的想法，也因此理所當然認為你非善類。

當然，別人怎麼看你真的不重要，重要的是你怎麼看自己。我們可以調整好心態並且設定好能量，打從心裡相信自己就是個有價值的人，也可以用同樣的方法肯定自己是個成功且充滿創意的人，還幸運地找到了一個和你心靈契合的伴侶，並且要告訴自己不但很富有，還非常喜歡現在的工作。所以你何不接受我的邀請，用這樣的方式看待自己，因為這個世界早就是這麼看待你了？要知道，你是宇宙中一個完美的創造物，你有權來到這裡，享受愛、富有、幸福、成功、和平等更多更美好的事物，你一定能像童話故事裡的主角一樣，找到自己的靈魂伴侶，從此過著幸福美滿的生活。我要你發自內心去感受，去想像這些事真實的發生在你身上，感覺你正和很棒的人在交往，感覺你好像擁有一切想要及渴望的事，不要帶有任何懷疑，除非你不小心咬到嘴唇，否則別停止這樣的想像。

❖無論如何你都很棒

很多人都希望變成別人的樣子，或者希望自己看起來像最近某個名人或模特兒，殊不知當今社會所崇尚的模特兒，個個都像快餓死的人一樣。除此之外，我們還看到不少女人，不管年紀多寡，爭先恐後的在胸部塞入鹽水袋，只因她們認為女人就應該如此，即便男人告訴她們還是喜歡胸部自然的樣子，她們還是非做不可。

很多人害怕外表透露出實際的年齡，所以會施打肉毒桿菌來去除臉上的皺紋，但難道我們全身上下就只有皮膚、肌肉和骨頭而已嗎？還是我們其實是擁有靈魂、創造力、見解、愛與靈感的個體？發掘自己的內在，你會發現自己需要的每樣東西，也會找到自己尋找的每樣東西。沒錯，與眾不同的確需要一些勇氣，每個人都希望能擁有最棒的外表，這完全沒有錯，但我們的社會和媒體卻把這些觀念帶向了一個極端，以致於不再有人對自己感到滿意。我不知道你是怎麼樣的人，但至少我要的男人是一個即便看到我的魚尾紋、穿不下一號衣服、或是得常常整理白頭髮時，依舊會愛我，陪伴我的人。

日前，我和先生兩人在一家鞋店裡開懷大笑，原因是我在試穿一雙靴子時告訴他：「以前我都穿七號，現在卻要穿到八號，好像年紀越大，身上的每件事也跟著變大。」然後我先生說：「是啊！等到妳不再變大，就開始縮小了。」我們總覺得自己不夠有錢，身材不夠苗條，永遠都不滿足。我則要告訴你，一定要適可而止，相反地，你需要喚起內心強大且高頻率的振動，告訴自己要「向上、向上，並且跳脫現狀」，然後藉由這樣的能量，你將會吸引到一些能量很強的事物，你會開始對自己及自己的情況感到滿意。所以請你做好準備，找回自己的主導權，無論你在哪個領域努力，都可以運用這樣的振動模式邁向成功。或許你也聽過這樣的說法：「如果你不愛自己，還有誰能愛你？」這句話真是說得太好了，因為如果一個人的自尊不高，還不斷地看低自己，即使真的哪天交了個心靈相通的伴侶，他／她也不會長久和你在一起。因此，要每天對自己說些肯定的話，這是提升自尊一個很不錯的方式。你可以自己想其他激勵的話，也可以採用下列的例句（更多的正面肯定語請參見附錄一）。

❖肯定自己，讓自己產生振動

❤愛從宇宙的各個角落源源不斷流進我的生命，我知道有人愛我。

❤我不會因做錯事而感到困擾，如果我把事情搞砸了，我會立刻回復心情，重新再來，對自己有著寬容的態度。

❤我原本就很漂亮。

❤我既聰明又有創意，有足夠的能力回饋這個地球。

❤每天一開始的時候，我都會抱持著正面的想法，希望好事會發生。

❤我知道自己是應運宇宙而生的，而且就因為我是我，所以好事情本來就應該發生在我身上。

❤我看到別人的善，也願意給別人表現善意的機會，所以每個人也看得到我的善。

❤我從來不放棄對我很重要的事，這個世界希望我成功，而我本身就很成功。

❤我很特別，也很與眾不同，沒有人會像我一樣。

❤我相信自己，我是個強大的振動體。

用正面的肯定語及想像力來開啟每一天的生活是很不錯的做法，我喜歡在每天早上尚未起床前，事先想好這一天會發生的事，並且打從內心相信今天會過得很平順，會和同事相處得很融洽，而且會有很多很不錯的收穫。常常我們會從電視、廣播、同事那邊接收到許多負面的垃圾，但如果你能用正面積極的態度展開一天，並確切知道自己就是宇宙間正向的力量，那麼你的生活就會變得大不相同。

靈魂伴侶功課

什麼樣的肯定語可以幫助你愛自己？

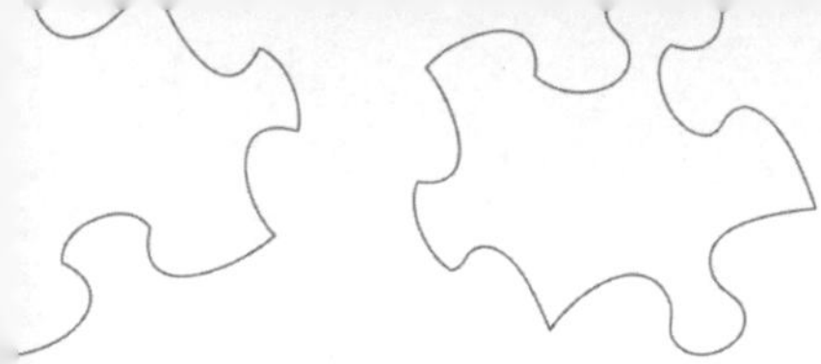

第十一章

訂製一個理想對象

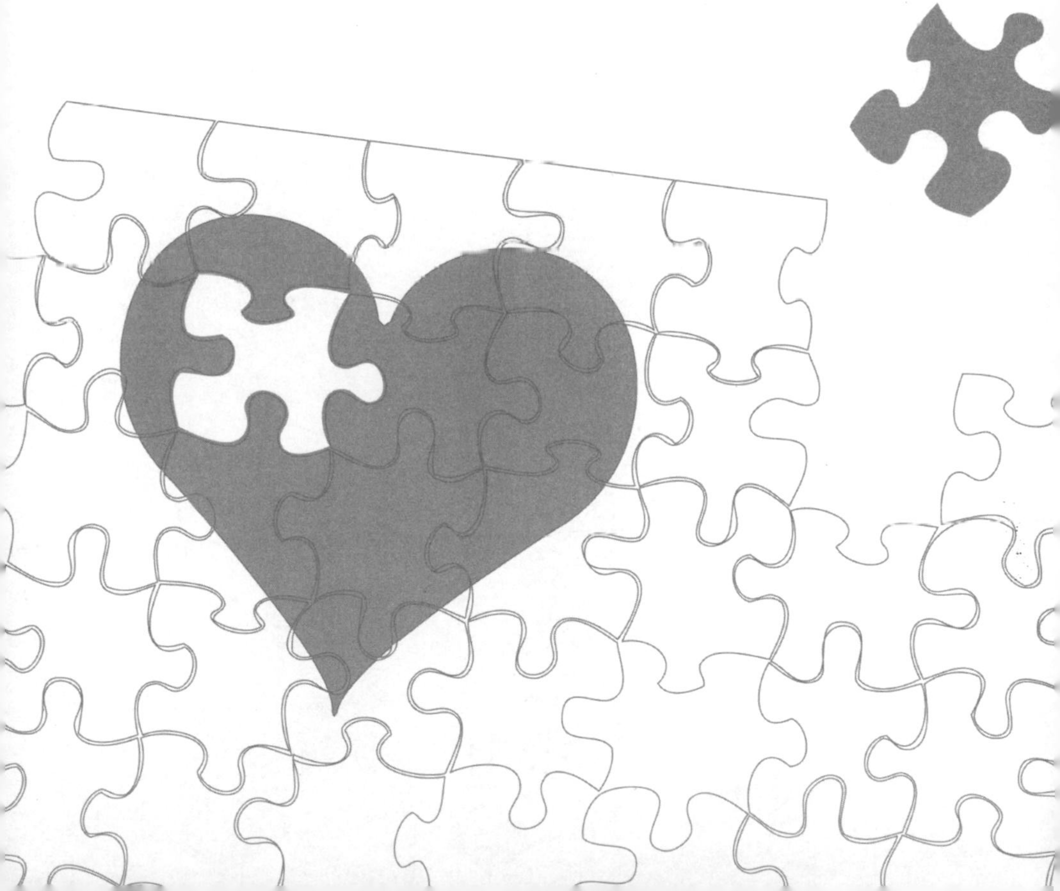

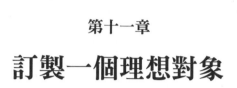

到目前為止，我已經告訴你如何去辨別自己「真正想要」及「不想要」的事物，也教你如何進入「自己的感覺」，去感覺期待要發生的事，然後讓這件事順其自然發生在你身上。我也鼓勵你除了要多了解愛的意義，也要進一步了解自己是否準備好接受愛。此外，關於如何成為更有自信、更具有靈魂伴侶特質的人，我也提供了一些建議。

所以我覺得現在的你應該可以透過寫劇本的方式，加強吸引力法則所產生的力量。但你要知道，在撰寫或創造劇本時，不只是在單純編織一個美麗的夢想，或讓情感進入那樣感覺，而是要讓你所創造出來的美麗故事，反應出你真正想要的情況。所以，請不要寫希望未來會發生什麼事，而是要寫希望現在能發生的事，舉例來說，請不要說：「總有一天我會得到自己喜歡的工作，也會賺不少錢。」相反的，要說：「我現在就在做我喜歡的工作，賺的也比夢想中的還要多。」

但不論是用手寫出來的，還是用嘴巴說出來的，每個寫下或說出來的字，你都要有強烈而興奮的感受。當你興奮的時候，就要好好去感受那種快樂及滿足的感覺，想像自己就好像住在那個美麗的幻想裡。反之，如果想法的背後沒有如此強烈的感受，你的一切將不會有任何改變，那倒不如你就胡言亂語（Mumbo Jumbo）一通好了。因此，你得是發自內在產生的高頻率振動才能抵消掉低頻率的振動，這樣才算真的動起來了！

你可以直接用說的方式說出你的想法，也可以先寫下來，再大聲唸出來。我個人則喜歡用打字的方式寫下我的想法，然後帶在身上，每天拿出來唸個幾次。由於洛杉機這個地方，上班時間的交通狀況實在令人不敢恭維，所以我喜歡在上班的途中拿起來唸，此時懊惱的情緒會馬上轉化成正向的情緒。

靈魂伴侶【劇本範例1】

現在的我既高興又感恩，因為我再次遇到一個美好的新伴侶。我喜歡我們對生活的態度，因為我們都期望著每天和彼此生活在一起，我們也認同彼此的愛好與職業，我喜歡我們的樂觀態度和共同擁有的快樂時光。別人都羨慕我們很「速配」，我們在一起也真的讓彼此變得更好。我的伴侶能在生活中許多地方成全我，他是我生命中的一項重要資產。

❖趕走負面的想法

我們當中有很多人腦海中總存一種著負面的劇本，那是另一種天性，也是一種習慣，就像每天都要起床、穿衣、工作一樣，我們甚至連想都不想，就讓負面的想法充斥在腦海裡，看看下列的描述，你會不會覺得很熟悉呢？

❤我不喜歡我的工作。
❤我不想看到這些帳單。
❤我的男朋友怎麼那麼懶惰。
❤我的女朋友怎麼老是專注在自己的事情上。
❤我都不能休息。
❤我不想要成為大胖子。

很不幸的，我們的腦海中常有這樣的負面思考，更糟的是，我們連跟人家說話，也充滿這樣的消極言語。想想看，你在任何一家公司的餐廳裡、任何一家的咖啡館或酒吧內，或是任何一場家庭聚會中，最常聽到什麼？不外是是非八卦、消極否定與滿腹委屈。這也是我們每天從媒體接受到的訊息，每天都有殺人、搶劫、戰爭、綁架等數不清的新聞事件。就拿親密關係來說，最近你腦海中想的草稿會不會和這個很像：「我怎麼都遇不到好男人？我怎麼老是遇到會玩弄感情的男人？我遇到的人怎麼都對我不好？所有的好男人都被選走了，我再也找不到適合我的人了。」還是你會這麼想：「我遇到的女人怎麼都那麼膚淺？她們難道都只會在意我的口袋深不深？難道我就找不到一個聰明、體貼、迷人的女人嗎？」

我也曾經犯過同樣的錯，曾在腦海中對男人有類似這樣的獨白，因此我不斷傳遞出這樣的想法，也就不斷的遇到不適合我，或我不感興趣的男人環繞在我身旁。有趣的是，我當時早就知道自我肯定和形上學的重要，事實上，我就是透過冥想、自我肯定及用心感覺，才吸引到擔任模特兒及拍攝電視廣告的工作，那真的很好玩。可是一遇到感情的問題，我完全陷入瓶頸，好像只要有人拋棄我，我就會得到滿足一樣，因為我會先有那樣的期望，然後事情真的發生，證明我是對的，天啊！就是這樣！但在經歷一年又一年的惡性循環後，我累了，不希望自己的期望永遠這麼靈驗，不想再經歷電影般的男女情節，也不想再有分手的傷痛，更不想一直在心裡嘀咕對方會不會打電話給我，我只想要有個平靜的生活。我曾經想過自己不想要的事有：

1. 我不想再遇到已婚男士約我出去了。
2. 我不想和說好要打電話卻都沒打的男士約會。
3. 我不想浪費時間在那些不尊重我的男士身上。
4. 我不想讓自己感覺只有談戀愛才是人生中最要緊的事。
5. 我不想對不在乎我的人投入感情。

但我卻無法將我「不想要」的事，變成下列「想要」的事：

1. 我真的只想和單身的人交往就好。
2. 我真的只想和負責任又守信用的人交往。
3. 我真的只想遇到尊重女性的男人。
4. 我現在真的懂得把個人的成長及職業當作人生中最重要的事。
5. 我真的要夠自重，在尚未經過長期相處，彼此的感情不夠深時，要懂得拒絕男人性愛的衝動。

❖培養正向的思考

一旦弄清楚自己想要的是什麼，以及目標的先後順序，我覺得要寫一份強而有力且正向積極的劇本，就變得非常容易而有趣了，相信你也可以和我一樣，樂在創造自己的劇本。你在寫草稿時，想多仔細就仔細，要多有趣就多有趣，沒有一定的限制，而你的感受則會為你帶來你所嚮往的結果。有名的形上學教師佛羅倫斯・斯科維爾・希恩（Florence Scovel Shinn），在她的《健康、財富與愛的人生祕密》（*The Game of Life and How to Play It*）一書中，教導人們如何築好自己的渠道（做好該做的事），迎接渴望得到的結果。舉例來說，如果你希望能在生命中找到一個丈夫，那麼事先得做好準備，迎接他的到來。希恩在書中曾提過，有個女人很期待能夠找到一個老公，所以她買了一張有把手的座椅，特別放在餐桌旁的一個位置，沒多久，她真的如願以償找到了一個老公，而且她老公吃晚餐時都還會坐在她預先安排好的位置上。

請記住要用心感覺你寫的每個字背後所帶有的情感，如果一點感覺也沒有，就得不到想要的結果，唯有充滿熱切、飽滿的感覺和情感，才能帶來積極的振動，有了積極的振動才能實現你的渴望。所以，盡量放手去寫你偉大的劇本吧！你可以寫得像金鐘獎得獎劇本一樣。別忘了，這是你的人生，你的劇本愛寫多長就寫多長，要多詳細就多詳細。事實上，你寫的越詳細，感受越真實，也會讓你感到越興奮。除此之外，只要你喜歡，你每天都可以創造不同的劇本，而且每個劇本都比上一個更有趣，更詳細，再看看之後會發生什麼事。

靈魂伴侶【劇本範例2】

我很慶幸，也很感謝，我的完美情人即將出現。我們非常適合彼此。他很體貼，很會照顧人，也有很棒的溝通技巧。此外，他很認同我的工作，總會在我需要他時出現在我面前，我們共同擁有美好的生活，會一起到國外四處旅遊。我已經準備好用健康的心態來迎接這段美好的戀情。

最近，有位女性客戶約我一起吃晚餐，她頭上圍了條圍巾，那是我很喜歡的樣式。我雖然也喜歡圍巾，卻從來找不到一條適合我的款式，於是我連忙問她在哪裡買的，她告訴我那事實上是條男用口袋圍巾（Pocket Scarf），她是在比佛利的一家男服飾店買到的，我當下立刻決定要去那裡替自己也選購一條。走進那家店後，我才知道那是家非常高檔的服飾店，許名人經常會來此光顧。店裡招待我的服務人員是個英國人，長相迷人，我告訴他要找的東西後，他隨即帶我到我想要的圍巾樣式前。這個店員還不斷鼓勵我拿起來戴看看，這時候，店裡來了一些人，他立刻前去招呼，於是獨留我一個人試了各種不同樣式的圍巾，大概過了十五分鐘左右，我就選中其中一條，決定買下來。我問了那位店員價錢，他竟然告訴我：「七十五美元」。

「太扯了吧！」我心中喃喃自語，「一塊布竟然要價七十五美元。除非腦袋壞了，不然誰會想花那麼多錢去買一條圍巾，我真不應該買。」可是看看鏡中的自己，身上的這條圍巾真的既時尚又好看，光是披著它，就覺得自己很富有，所以經過幾番考量，我還是決定買下來，把它當成是我的「幸運圍巾」。真的，不誇張，我圍著那條圍巾時，我真覺得自己好富有，又好特別喔！接下來幾天，我雀躍地戴上這條圍巾走在市區的街道上，感覺真是棒呆了。於是，就在那個星期，我獲得了一份旁白的工作，還接下了一個電視廣告。我從不曾有過經紀人幫我安排工作，因為光是幫人配對、找對象就占去我全部的時間，可是那個星期，我突然接到了兩個來電，他們知道我過去的工作經驗，在與我交談過後，當下就決定把工作派給我。此外，同一個禮拜，我還簽了一個新客戶，拿到一千多美元的佣金。當時的我就是以高頻率的方式振動，發自內心覺得自己已經成功了，沒想到效果真的那麼立即，讓我實在難以否認兩者間的關係。因此，請你拿出紙筆，寫下你的劇本，並且發自內心感覺你已經得到想要的結果。

❖讓事情變得有趣

在《把好運吸過來》一書中，琳恩曾提過一個「千元策略」，她教大家運用這個策略來增加生命中的財富，或是運用這個策略來改變你對錢的感覺，為自己賺進更多的財富。

你可以這麼做，把一張千元鈔放進你的皮夾裡，不要隨便動用，無論何時，只要你拿起這個皮夾或皮包，都要記得裡面有張千元鈔，因為這麼做會讓你有種愉快的感覺，同時，你也要時常提醒自己這張千元鈔所帶給你的額外安全感。請你記錄在一天的生活中，這一千元可以用來購買的任何東西，經過商店或餐廳的時候，請告訴自己：「只要我想要，隨時都可以進去消費，因為我有這張千元鈔。」就因為你留住了這一千塊而不輕易花掉，所以只要你一想到它，你的振動頻率就會獲得改善，想想，如果你一天想個二十、三十次，不就等於花二十萬、三十萬塊對你的振動所帶來的加值好處嗎？

只要你能隨時體認到皮包裡有一股力量，可以讓你去買這個或買那個，那麼日積月累的，你會對自己的經濟能力越來越有自信，你的吸引力也會因此開始轉變。琳恩說：「過去的或現在的任何想法，都只是我們回應出來的一種振動習慣，就好像是訓練過後的海豹一樣，因此，我們現在要做的就是打破舊有的振動模式，創造許多能讓錢能量流進流出的出口，唯有這樣錢財才會向我們靠攏。」

我看到這段話時，真的好興奮，竟然有這麼好玩的方法，可以讓我吸引到更多的財富。我向來就樂於讓自己生活與體驗變得有如遊戲般那麼有趣，而且越有趣越好玩！我心想：如果這個方法可以為我帶來更多的財富，那麼同樣的方法應該也能為我帶來其他東西吧！

我記得自己曾聽過一個金・凱瑞（Jim Carrey）的故事，聽說他在成名前，就曾經寫了一張兩千萬美元的支票放在自己的皮夾裡，幾年後，他真的因演出一部電影而賺進了這兩千萬美元，姑且不論金・凱瑞當時知不知道什麼是吸引力法則，他的做法實際上就是這個法則最佳的應用。

唐納・川普（Donald Trump）也是靠成功的感覺獲得成功，替自己賺進了好幾億的資產。川普的爸爸是成功的地產開發商，所以他創業時的確有些資金，可是他覺得自己既然站在世界的頂端，應該有足夠的能力和知識，獲得天下最棒的成果。因為有了這個信念，他吸引到比以前更多的機會，他不在乎每天過得順不順遂、也不在乎是不是離了好幾次婚、更不在乎有沒有人散布對他不利的消息，對於所要做的事，他總是意志堅決，並且躍躍欲試，而事實也證明了一切。

❖靈魂伴侶策略

說了那麼多，究竟這和吸引靈魂伴侶有何關係？我建議你把剛剛的「千元策略」轉換成「靈魂伴侶策略」或「靈魂伴侶搜尋步驟」，在一張紙寫下你希望找到的夢想伴侶要具備什麼樣的特質，記得你想寫得多詳細就多詳細。正如我們先前討論過的，這就是你新的劇本。舉例來說，我如果要寫一張靈魂伴侶的劇本，我會這麼寫：

「我確定自己要找的另一半即將到來，他有我欣賞的特質，他很體貼，也很羅曼蒂克，既深情又很大方，還富有創意及幽默感。此外，他是個有文化素養的人，去過很多地方，會說兩種語言，還很誠實，待人忠誠，珍愛自己的家人，也喜歡動物，尤其特別愛狗。」

把這張紙放進你的皮夾或皮包裡，用心感覺字裡行間的強大力量，感覺當中強烈的鼓舞效果，感覺這股力量正幫你把適合的伴侶吸過來。請小心千萬不要有遺憾的感覺，好像人生中少了這樣一個人似的，而是要確定自己有某種好的感受，可以讓你產生振動，好讓這個人出現在你面前。每天唸幾次你寫的劇本，大聲地唸出來也可以，但重要的是，劇本的內容要很具體，也要能讓你感受到夢想中的場景才行。

同時，在你約會的過程中，也要檢視一下自己的期望。如果你能在夢想的情人身上找到每一樣你想要的特質，這樣當然很好，但事實通常不是如此，因為你又不像《鐘樓怪人》裡的法蘭根斯坦博士（Dr. Frankenstein）一樣，可以從實驗室裡拼湊出一個理想伴侶。老兄，如果我真有這個能耐，那麼川普先生可得讓位了，因為下個億萬富翁即將出現，就是我瑪拉．馬特森。換句話說，隨著你變得更具靈魂伴侶的特質，也隨著你全神貫注在找尋你的靈魂伴侶，你可能得隨時修正或重寫你的劇本，要知道，劇本若越能反應出什麼事物最適合你，這份劇本越有可能成真，因為內心深處的你會知道，也會真正感覺到，這個人早就在某個地方等著你。

❖知道什麼是你生命中不可或缺的

在先前的章節中，你知道了自己「想要」的是什麼，換句話說，你真正知道自己想要的靈魂伴侶需要具備什麼樣的特質。隨著使用吸引力法則的經驗，你會發現自己常常得更動「想要」的內容，以及之後所寫的理寫劇本，你會開始想到如果要快樂的和未來另一半生活在一起，有些特質是你無法妥協的。請想想下列有可能會產生矛盾的地方：

頭腦

你希望你的另一半有多聰明？你希望找一個能和你在學識上互相討論的伴侶嗎？還是覺得

另一半如果像是個「萬事通」，你會有種受威脅的感覺？

地位

你覺得另一半需要和你有共同的社交圈嗎？如果你平時就喜歡參加晚宴，也常常會去看電影，另一半卻除了地方電影院外，哪裡也沒去過，你會發現彼此的興趣差異太大，可能無法找到共同點。

宗教

如果你和另一半的宗教信仰不同，你們可能會因過節的方法、雙方的家庭，以及小孩的教養有著不同的意見。如果你不是虔誠信奉者，你可能會願意讓另一半決定宗教的事宜，但如果宗教信仰對你很重要，想和不同信仰的人結婚，請千萬要三思。

政治

阿諾・史瓦辛格和妻子瑪利亞・施萊佛（Maria Shriver）有著截然不同的政治立場，但他們一直以來都維持著良好的婚姻關係，但即便如此，那也只能當作是一個例外，一個人的政治立場常影響到他／她對社會問題、政府法規及環境議題等事的看法，如果你的政治立場無法和另一半契合，你可能會覺得自己常為了一些重大的生命議題而與另一半爭吵不休。

文化

麗莎一家人來自中國，麗莎的未婚天安東尼則來自熱鬧的義大利家庭，因為文化背景很不同，帶雙方家長去吃頓晚飯的結果就變得很糟糕。麗莎的父母很驚訝，安東尼的父母可以在餐廳笑得如此大聲，還會開服務生的玩笑，安東尼的父母則反過來認為麗莎的父母很保守，口味也很古板，總之，未來只要遇到家庭聚會，麗莎和安東尼都勢必要處理這種文化衝突的問題。

共同的興趣

你在意另一半能不能和你做每件事嗎？如果男朋友喜歡足球，但你無法認同，你會不會抱怨他足球季時總會花上很多時間看電視上的賽事轉播？

你在衡量一個長久交往對象的時候，這些問題你非得重視不可，因為那關係著你能否成功經營這段長久的戀情。你心裡一定要清楚，對方能夠長久跟你在一起，有哪些特質是你可以接受的，如果你們在上述這些地方出現了很大的歧見，你們的關係將可能因此變得緊張而出現裂痕，但只要你在選擇對象時，考慮清楚哪些是你喜歡的特質，絕不為了妥協而屈就，就可以避免這種事情發生。

❖彈性調整期待

到目前為止，我都不斷的鼓勵你要確切知道自己的想法，但同時，我也要建議你要適度調整自己的期望。在幫人配對的過程中，我遇到許多挑剔的客戶，他們總是太過執著於自己「不想要」的交友條件，例如：我不要棕色眼睛的女人、我不要罩杯只有B或捲髮的女人、我不要找猶太人（其實自己也是猶太人）等。我還遇到一位男士，斷然拒絕一個條件不錯的女人，只因她的父母是墨西哥人。還有些女性客戶列出諸如以下的交友條件：要有房子、身高要超過一百八十公分、不可以過四十歲還沒結過婚、髮線不能往後退。

人並不完美，如果你堅持要求完美，在理想劇本中加入太多的限制，很可能你會單身好一陣子。如果我有一根魔法棒，我也想在某種程度上改變我的丈夫，例如我喜歡他和我一樣吃素，我喜歡他可以在小便後把馬桶座放下來等等。不過我也知道，他也希望揮動他的魔法棒，讓我為他改變幾件事，但我們還是選擇接受彼此，讓各自保有各自的差異，對我們而言，這些枝節末微的差異真的不重要，重要的是我們彼此欣賞著對方，喜歡對方美好而正面的特質，其餘則一笑置之。

只要對方具備了一些重要的特質，你就應該敞開心胸，不要因眼睛的顏色或髮線的位置而否定對方，事實上，兩人之間有沒有化學反應才是兩人能不能相處的重點所在，就像《美女與野獸》故事中的美女一樣，能夠發掘野獸其實有著如星星般美麗的內在。但或許你會對我說：「瑪拉，真的很抱歉，我實在無法跟一個不喜歡的人約會！外表對我來說真的很重要，我真的看不上矮個子或金頭髮的人。」每次我和新來的女性客戶約談時，總會問她們喜歡什麼樣長相的男士，幾乎百分之九十她們會說：「一定要是我喜歡的那一型！」我不是說每個阿貓阿狗的對象你都應該去嘗試，也不是說只要有人約你出去，即便對方是個不知打哪兒來的大怪物，你也不可以拒絕，我只是在告訴你，如果對方只是眼睛和頭髮顏色不合你的要求、如果體重只是比你預期的胖個一、二公斤，請你就稍微打開自己的心胸，試著找出每一個對象所擁有的美好特質，也試著發現對方的內在有多麼美。

所以你在寫理想劇本或想像完美情人時，要知道宇宙為你準備的另一半可能和你想像的有些出入，但宇宙還是會以你最大的利益作為最終的考量。

靈魂伴侶功課

找個時間，好好寫下你認為另一半「一定要具備」的條件。為了方便你思考，我在以下提供了一些類別，一旦你可以將「一定要具備」的條件，加上先前所列的「想要」條件，就可以開始創作理想伴侶的劇本了。

長相：

財富：

頭腦：

體魄：

朋友或社交情況：

共同興趣：

宗教：

政治立場：

生活模式：

文化背景：

其他：

靈魂伴侶功課

寫下你的劇本

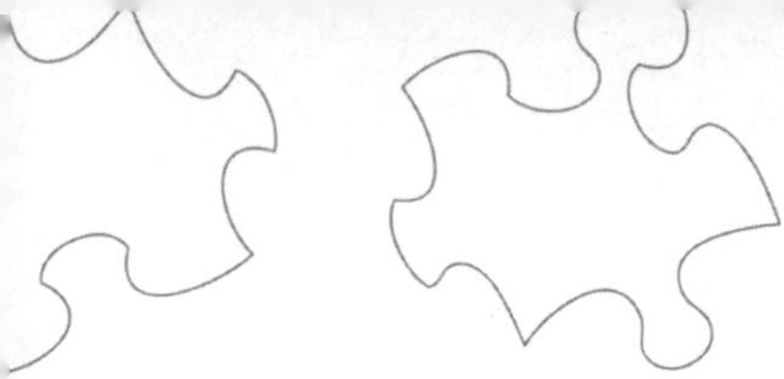

第十二章

近似「理想的對象」

最後我要說的是，你正為自己吸引到若干靈魂伴侶的可能性！你在使用吸引力法則四步驟，以及書中的其他技巧時，你很可能會同時吸引到好幾個可選擇的對象，你或許也會發現那個期待已久的人對你也有同樣的感覺。但問題是：**我們如何知道自己是不是找對人了呢？**有時候，不用別人說，我們心裡就很清楚，事情頗為順利，但有時候我們會經歷不一樣的歷程，會遇到一連串「近似理想的對象」或「幾乎對的人」，但沒有關係，遇到這種對象的時候，反而有助於你更了解自己要的是什麼樣的靈魂伴侶，因為從這些經驗中，你會知道什麼樣的對象是你「不想要」的，了解了之後，再將「不想要」的條件轉變成「想要」的條件，這樣下次你就更有可能吸引到對的人。在這個過程中，你也會了解一件很重要的事，那就是有些人只是「近似理想的對象」，而不是「真的對的人」，對那些無意與你長久在一起的人，你大可放手讓他們走。

❖差一點就是天作之合

珍妮和葛瑞相遇在一家擁擠的餐廳，當時他們都和朋友去吃晚餐，也正好都在一旁候桌，他們不久被安排到吧檯的位置上坐，兩人碰巧坐在一起，於是便開始有了交談，誰知竟然因此產生了強烈的吸引力，接下來的三年，他們完全陷入熱戀，幾乎是難分難捨。然而，有時候珍妮和女性好友在一起時，還是會哀怨地說起她對葛瑞的複雜情感，她一方面覺得自己很愛葛瑞，但另一方面，不知為何總覺得無法和葛瑞共度一生。

除了彼此有強烈的吸引力外，珍妮和葛瑞其實是截然不同的兩個人。珍妮是研究所的教授，葛瑞的內心則像個西部牛仔，是個臨時工，只有在需要錢花的時候，才會零星的接幾份工作來做，有時幫人搭建採光罩，有時幫人修車棚，等到賺夠了就不做了，他先前透過美國土地管理局野馬圈養計劃收養了兩匹馬，他會在牠們身上捆好行李，騎著馬往山裡去，他常常說自己是「為生活而工作，不是為工作而生活」。一開始，珍妮很喜歡他這一點，主要原因是她自己的生活型態比較偏重後者「為工作而生活」，她一個禮拜可以工作七十個小時，每年薪水不斷往上增加，她對此相當以引為傲，希望自己能在兩年內升格當教授，最後做到院長的位置，但她的目標還不止於此，她希望有一天能當上大學校長。

可是和葛瑞在一起後，她發現自己每個週末幾乎都在山裡度過，她的西部牛仔會搭起帳棚，升起營火，也知道怎麼在野地升火烹煮牛肉，然後兩人一起睡在星空下。於是從來不接觸戶外活動的珍妮特開始買了一些牛仔褲，也買了生平第一雙牛仔靴和第一頂牛仔帽。剛開始的六個月，她真的很愛和這個粗獷又充滿男子氣概的人在一起，也覺得週末能到深山旅遊休息，是件很浪漫的事。但久而久之，她開始懷念起週末和朋友相聚的時光，也覺得自己好像完全脫離了城市的生活，再加上一到週末就常常不在家，她發覺根本沒有什麼時間洗衣服、辦雜事或逛逛街，久而久之，她覺得自己一個禮拜要做的事越堆越多，朋友也好像很久沒有聯絡了。

但是珍妮和葛瑞的問題，似乎不只在於花太多時間在山裡過夜，或待在家的時間不夠多，經過了幾個月在星空之下的長談後，珍妮特終於了解葛瑞正過著他自己夢想中的生活，沒有任何理由要他改變。此時珍妮不得不承認原來自己浪費了那麼多時間，和一個永遠無法融入自己生活的人身上，對她而言，她一點也不想融入葛瑞的生活，因為她根本不喜歡那種「以馬為生」的生活。但若要葛瑞為她改變，那真的很不公平，若要維持這段戀情，一樣對她不公平。

即使有了這層顧慮，珍妮還是繼續和葛瑞維持了兩年多的戀情。最後還是因為葛瑞下達了最後通碟，要她答應嫁給他，否則他就離開她，珍妮才下定決心要和葛瑞分手。雖然最後是珍妮提出分手的，但她還是花了快一年的時間才整理好自己，讓自己可以重新出發、再談戀愛。經過了這段戀情，她下了這樣的評論：「葛瑞和我實在太不同了，我們根本不可能有好的結局。我們彼此浪費了整整四年的時間，既然大家最終的目的都是想找個人結婚，我們又不可能有這樣的結果，不如分手好了。」

珍妮願意苦撐這段感情，不僅因為忘不了當時兩人對彼此的強烈吸引力，也因為多數人喜歡的都是沒有未來的浪漫戀情。若兩人都不想結婚，那姑且在一起倒也無妨，然而大多數人畢竟還是希望能找個人結婚，既然如此，何必苦苦戀棧一段沒有結果的感情，那根本就是在浪費自己寶貴的青春。

❖你一直希望別人會改變嗎？

另一個讓我們遲遲不肯分手的原因是「我們都期待著對方有一天會改變」，因此我們常就對自己說：「我已經找到最適合我的人了，這個人只要可以為我稍做改變，那我們就是天生一對了。」聽好！有這種心態非常危險，因為你無法改變任何人，這一點你要搞清楚。通常我們遇到令我們難以抗拒的對象時，很容易這樣自我催眠，而我也聽過很多人（尤其是女人）說：「這個人很有潛力，我應該可以改造他。」結果，他們交了一個很不好的對象，對方不但不尊重別人，也不喜歡動物、常罵髒話、又抽煙又酗酒、喜歡看A片、熱愛重金屬音樂、討厭大城市、對貓過敏、喜歡打獵，每個星期一晚上就一定要和朋友看足球賽，把健身器材當成掛衣服的地方，喜歡熱狗、不喜歡魚子醬、支持不同黨派、是個勢利鬼、經常泡在健身房裡，但他們還是覺得自己可以改變對方。

這裡有個重點：不要只為了吸引一個「有潛力的人」，而浪費寶貴的時間，而是要集中所有精力去吸引一個完全適合你的人，替自己找的對象應該是已經具備好你想要的特質，因為沒有人希望被改變、被嘮叨或被否定。的確，兩人一旦決定要相守在一起，雙方勢必要在某些事上多做讓步或妥協，才能讓彼此融洽的生活在一起（就像我，到現在還不斷在說服老公要在小便後把馬桶座放下來）。總而言之，你無法改變任何人，所以就別試了吧！如果你不喜歡現在伴侶所擁有的特質，要不就是說服自己接受，要不就是分手，再找個已經具備你所要特質的人，請千萬要堅持自己的靈魂伴侶劇本，不要很有自信地自認為有辦法使別人符合你要的劇本，那就偏離了劇本中的描述，因為那根本行不通。

❖你是為了某些「額外的好處」而不願分手嗎？

有些人即使和完全不對的人在一起，還是選擇讓感情繼續走下去，除了上述幾個原因外，還有一個可能，就是他們已說服自己，認為「現在的狀況已經夠好了，至少到目前為止是如此。」或者，他們享受著這段關係所帶來的額外好處，例如：「免費的性愛」或「很夢幻的生活方式」（如可以上高等餐館、有免費的電影票或音樂會門票、或可以進入更高級的社交圈等）。但還有些人不願分手，因為他們不想因此打擾到小孩的生活，或者因為現狀比較適合教養小孩。

要是你還是期待能找到你的「真愛」呢？怎麼辦？把自己的時間花在其他人身上，你找得到你的「真愛」嗎？顯然，這會大大限制了你找尋白馬王子或白雪公主的機會，事實真的是如此，此外這麼做也對那個你不想結婚的人不公平，有時候，關於自己想要什麼？你還是得好好問自己一些

靈魂伴侶功課

描述你曾經為了錯的理由而延長一段長期的關係。

嚴肅的問題。如果兩人交往時所產生的火花是唯一彼此有共通點的地方，就像珍妮和葛瑞一樣，這樣足夠滿足你未來長久的生活嗎？即便兩人的關係或多或少淡了，但能維持一段安穩的感情就可以讓你心靈成長嗎？麥可和瑪莉也正巧面臨了這些問題，我們來看看他們的例子。

❖要怪就怪自己虛度了那麼多年的光陰

麥可和瑪莉年紀大約都五十來歲，都是保育督察員，也都在美國中西部的一個城市工作，不同的是他們的工作分屬不同的區塊。過了幾年，他們碰巧在工作的途中遇到，他們彼此都很欣賞對方。有一天，他們和一群同事在聊天時，瑪莉提到她的丈夫死於黑色素瘤，麥可則說他的配偶幾年前就過世了，他們這才驚訝的發現原來對方其實是單身的狀態，於是在與同事聚餐後，他們私底下又聊了一下，還相約某個晚上一起共進晚餐。就這樣，他們發展成穩定的伴侶關係，也正如麥克所形容的，這段關係讓他有種很穩定的感覺。他們有同樣的工作內容，都很喜歡城市生活，也常常和朋友聚會，但他們之間並沒有強烈的吸引力，會在一起只是因為彼此很滿足在一起的生活，其餘就沒什麼共同話題了。

然後在交往五年後的某一天，幾乎是晴天霹靂的，瑪莉向麥克宣佈她完完全全愛上另一個人，並且打算和他結婚（三個月後瑪莉真的結婚了），麥可感到非常驚訝！但也承認他和瑪莉都不曾有過和對方結婚的念頭。事實上，他們曾告訴過彼此，既然生活的那麼美好與穩定，沒有人會想結婚，只不過他們在說這話的時候，內心深處還是希望能找到一個最適合自己的「完美的對象」，因此，意外地某一天，瑪莉撞見了她生命中的「真愛」。

「我現在恨死自己了！」麥可說，「其實我也渴望得到真愛，就像瑪莉一樣。當初在交往時，我們早已知道對方不是對的人，但還是勉強在一起了好幾年，我真應該好好利用這些時間去尋找更適合我的人，就像瑪莉現在一樣。」

❖仔細評估，給自己六個月的試驗期

我們如何知道何時該要分手，該要集中精力尋找下一個靈魂伴侶？問問自己下面這些問題：

1. 在一段感情中，我認為什麼是重要的？我是否得從要找的另一半身上才能得到所要的東西？而我現在的伴侶符合我所寫的理想劇本嗎？

2. 和我交往的這個人是否也願意討論我們之間的差異，如果是，有沒有可能的解決辦法？

3. 我和他是否已討論過要在一起的一些重要問題，例如：財務規劃、保險事宜、小孩問題、家庭目標等等？我們有達成共識嗎？

4.我重視這個人嗎？我會驕傲地把他介紹給朋友及家人認識嗎？還是我認為他有點「粗俗」，所以儘量讓他避開自己的家人朋友？

5.我們在一起很快樂嗎？我們常一起大笑，並且願意花相同的時間在彼此都感興趣的事情上？

6.這個人會讓我做我自己嗎？是否我都在調整自己的喜好和做事的方式，以迎合對方的需求呢？

7.這個人夠體貼嗎？他在做決定之前，是否都會徵詢我的意見？他是否只做自己喜歡的事，而且希望我能夠愛相隨？

8.如果我有小孩，他會怎麼對待我？他是否會努力和他們培養感情？他是否會用愛的語氣和他們說話？他是否會嫉妒我把時間花在他們身上？

9.他和前妻分手的原因是什麼？如果說他們離婚的理由是因為他太常出差到外地去工作，那麼既然他還是繼續做著這份工作，如果我們結婚，我可以忍受自己孤單地度過那麼多的夜晚嗎？

10.我可以誠實地告訴自己，這個人就是我「生命中的真愛」嗎？還是我還在騎驢找馬，希望有一天「真愛」會在某個地方出現？

你可能也想問問自己下面的問題：

1. 列出另一半的優點和缺點，看看缺點是否遠遠超過優點。
2. 把現階段的感情拿來和你理想中的感情做比較。
3. 問問自己：和這個人在一起快樂嗎？還是你以前單身的時候比較快樂？和他在一起後，你常常很沮喪，也常常掉眼淚嗎？
4. 你會有「寧願和別人在一起」的想法嗎？
5. 你可以想像自己要和這個人度過接下來的幾個小時？接下來的幾個月？或接下來的四十年嗎？
6. 自從和這個人交往後，你的朋友是否漸漸和你疏遠開來呢？
7. 你是否一直找藉口不要看到這個人呢？

通常要評估一段感情是否要持續下去，總是一個讓人難以抉擇的問題？有時候你甚至會希望另一半讓你好過一點，直接了當跟你分手或者乾脆出軌欺騙你，但情況通常並非如此簡潔明快，如果你們之間的相處一直沒有問題、關係也不錯、感情也很穩定，那麼就要問問你自己想要從這段感情獲得什麼，另一半是否可以提供你想要的這些東西？請回頭對照你「想要」的條件及理想劇本，千萬不要因為某個對象「很接近」理想劇本中的描述，就欺騙自己應該就此定下來。

請記住你有被愛的權利，你一定可以找到生命中的「真愛」，只要你一直想著自己想要的靈魂伴侶，你就會吸引到這樣的人，但也不要盲目地忽視了你不想要的條件。說了這麼多，就是要告訴你：「何必浪費寶貴的時間呢？」凡是會降低你振動頻率的感情，就讓它過去吧！重新讓自己和好的振動頻率連結在一起，做好準備尋找下一個適合你的人。

❖「最後抉擇」

雖然從感情長遠的發展來看，珍妮和葛瑞，以及瑪莉和麥可，都遇到大致相同的問題（也就是彼此都知道對方不是未來會「結婚的對象」），但感情有時候就是無法達到某種平衡點，常常一個人想結婚，另一個卻興致缺缺，還不確定或者感覺還沒到，而情侶通常就在這個時候會遇到「最後抉擇」的問題，雖然這是很多人都不想討論的問題，但它確實有存在的必要。沒有人想要浪費時間跟一個沒有共同目標的人在一起，所以與其賴著一段沒有結果的戀情好幾年，希望另一半對婚姻的看法會改變（少見！），不如在交往一段時間後（最好是六個月到一年），找個機會和自己好好對話一下，替自己這段戀情好好把個脈。

你可以這麼做：先和自己對談，問自己人生目標是什麼？真的喜歡婚姻的生活而寧願放棄單身的自由嗎？你的生理時鐘快來不及了嗎？你可以想像和這個人共度餘生嗎？如果你的答案都指向於「這個人並非對的人」，那就該是你分手的時候了，但要是你的答案無一不讓你相信這個人是對的人，和他結婚可以幸福快樂，那該怎麼辦？那麼你應該去了解這個人是否也有同樣的感覺，你們又會如何共同處理這個問題？

❖該是和另一半好好談談的時刻了

就像我之前說的，誠實才是上上策，用溫和且不帶威脅的語氣告訴另一半：「我已經單身好一陣子了，真的想要擁有一種更穩定的關係及安全感，因此我想知道你這一、兩年有沒有結婚的打算？」千萬別讓另一半敷衍地帶過這個問題，或迴避這個問題，告訴他這對你而言真的很重要。或許你的另一半也曾有過結婚的念頭，但就是不知如何、也不知何時向你開口，但或許你的另一半根本不想提起這個問題，如果是這樣，與其現在就追根究柢的問清楚，也別浪費了好幾年繼續和這個人在一起，眼巴巴的望著其他想結婚的人從你身旁走過。

你務必要得到最直接且最誠實的答案，或許答案並非你想聽的，但日後你一定會慶幸自己有即早發現，沒有浪費時間在註定不是你的配偶身上。不要再安逸於目前穩定的感情狀態，要開始深度的檢視你們的關係。

❖如果真的無法繼續，我該如何提出分手？

如果你決定要和某人分手，請相信有些方法你可以用，但有些方法你最好不要用。蘇珊就是個很好的例子。蘇珊在某餐廳當服務生，交往的對象是個帥氣又性感的醫生，她深深為他所著迷，也真的很希望這段感情能一直持續下去，在五個月的交往中，即便這個醫生男友的工作非常忙碌，他們還是會抽空和對方見面，而且他也時常會打電話給蘇珊。然後，有一個禮拜，蘇珊的男友突然音訊全無，她開始覺得很奇怪，也很擔心男友的安危，心中想著會不會他突然在家昏迷過去，還是身亡了，要不然照理來說，他應該會打電話來的，蘇珊終於趁著某個晚上工作的空檔打電話給他，想知道他是否安然無恙，但很意外的，對方竟然接了電話，蘇珊於是告訴他：「喔！真高興你還活著，我打來只是想確定你是不是發生什麼事情，看來你真的沒事，那再見了！」

他說：「就這樣？」

蘇珊回答：「是啊！顯然你並不想跟我講話，要不然你早打來了。」

「我只是……覺得我們兩個沒有未來。」他說。

蘇珊聽了這個理由，簡直快昏倒，最後她還是擠出了一些話：「就因為這樣，你就不再打電話給我了？」

「對！」

掛上電話，蘇珊衝到廁所裡，嚎啕大哭起來。

即便你很確定這段感情根本行不通，也絕對不可用這樣的方式和對方分手，每個人都有感覺，應該受到尊敬的對待，千萬別發個分手簡訊或電子郵件就與人分手，那簡直是逃避責任的做法，毫不顧慮別人的感受。請你也千萬不要在餐廳吃飯時突然提出分手，真要分手，就找個彼此都感到舒適的處所，敞開心胸好好的談一談。向對方解釋兩人不合適的原因，不要用控訴的方式把對方做錯的事一一指出，只要誠心誠意告訴對方真的不再有從前那種感覺就好，如果你強調的都是自己的感覺，並且說明不再迷戀對方，對方就容易認同你分手的理由，如果你誠實說出自己的感受，也很體貼對方會有什麼感受，那你等於替兩人做了一件對的事，如此一來，就能更放開心去尋找下一個理想的對象。你要很驕傲自己聽到了內心的聲音，也照著自己的感覺做了該做的事，要和別人分手真的很不容易，但我們都會從傷痛中復原，繼續過著想要的生活。

靈魂伴侶功課

要結束一段不適合你的感情，你會怎麼做？

又會向對方說什麼？把你的理想劇本寫下來。

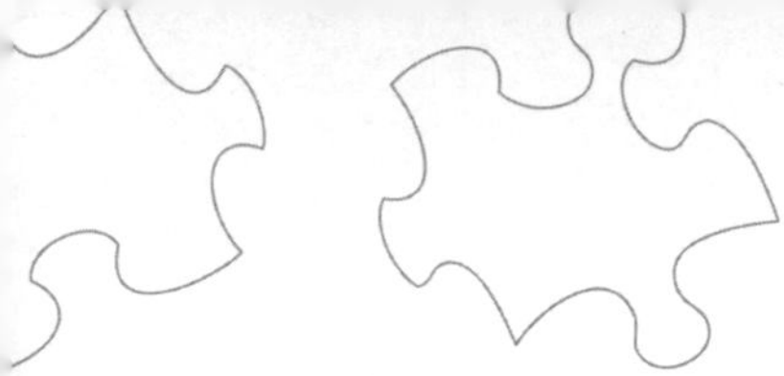

第十三章

靈魂伴侶

到目前為止，我希望你要有清楚的概念，才能具體了解吸引力法則的作用原理，現在我希望再分享最後一些從客戶訪談中得到的想法，讓你了解什麼時候才算找到真正的靈魂伴侶。

❖時機很重要

現在你已經知道「不想要」的伴侶條件是什麼了，請從中區隔開「想要」的條件區，然後寫下理想劇本。相信你也開始用高頻率的方式振動，也不斷反覆的誦讀著理想劇本，如果是這樣，那真的要恭喜你了，你做得實在太棒了。但你心中可能還有個大大的疑惑：**究竟我的靈魂伴侶在哪裡呢？我有做該做的事，也不斷提升自己的振動頻率，簡直到了快要爆炸的地步了，可是也沒出現半個理想的對象啊！**我得說：耐心等待是很重要的，不要太在意結果，只要專注做好自己的工作就好，相信適合的對象正向你走過來。相信我，千萬「不要太在意結果」，要知道上天就等著你放下一切的固執。

我們當中有很多人都不懂得放下，也不懂得如何不去在意結果，但反過來說，如果這個道理大家都懂，世間就少了可歌可泣的愛情劇了。我們都習慣於盡其所能達到目標，因為有過努力，我們至少可以說：「嘿！我已經盡力了。」但事實上，你根本就不用努力，也不用強迫任何事情發生，你只要做到不斷地朗誦理想劇本、用心去相信、去感覺、去期待、並懷著無比的耐心就可以了。適合你的對象很可能不會和你住在同一條街，也許你這時住在亞特蘭大，他則住在底特律，也可能她才跟前夫離婚，還沒準備好與你見面，或是此時她只想休息，不想談戀愛，只想好好全新全意經營自己。

放心，一切就交給上天處理，你們總會在某個適當的時間相遇，或者等對方離婚告一段落後，就會在某家雜貨店遇見你。以我為例，如果不是因父親的死讓我搬回洛杉機，我也不會在對的時間、對的地點遇見我的先生，而他也在與我相遇的六個月之前，曾向上帝禱告，希望能找到一個特別的另一半，當時我還住在芝加哥。雖然父親的死真的讓我很心痛，但也因此我回到了洛杉機，靠著彼此的能量，我們於是相遇。我相信任何人都無法強求生命中要發生什麼事，但時機卻絕對的重要。我曾定居在美國三個不同的州，在每個過程中，都讓我遇到一些人，有些可以當一輩子的朋友，有些我無法想像生命中不能沒有他們，所以真的一點也沒錯，做任何事都要靠「天時地利人合」，有時候我甚至還會因為到了對的地方，認識了對的人，意外地獲得了工作的機會。

道家有句格言：「無窮的耐心帶來立即的效果。」這句話說得真的很有道理，只要我們做好修心的工作，就沒有理由去懷疑，因為這是上天的定律，簡單來說，就是能量運作的方式。你必須學會放下心中的執見，交給上天處理，這將比你努力去爭取，容易多了。放下你的控制慾，

靈魂伴侶功課

請描述上天曾賦予你的一個「最佳時機」。

讓上天依照你的希望讓你夢想實現吧！

❖究竟是他沒準備好要與我交往，還是他根本不適合我？

女士們，我要告訴你們，當男人說還沒準備好進入一段感情時，絕大多數他們說的都不是實話，這話聽來雖然有點令人難以接受，但事實上，男人說這句話時，背後真正的意思是：**我不再對你感興趣了！**男人要是對你感興趣，不管多忙，都會打電話，因為他要確定你已經被他定下來了，也要確定你這個週末會有活動，就是和他在一起。如果你和某個男生已經交往了超過三個月，想知道對方怎麼看待你，我建議你在聽之前，最好先讓自己坐下來，因為很可能你會得到晴天霹靂的答案（除非對方不老實，還是選擇用謊話把你耍得團團轉）。

女人有時會懷疑自己是不是該打電話給對方，答案是「錯！」因為男人要是對你感興趣，不但會打電話給你，也保證會讓你感受到他的熱情，相反地，男人要是對一個女人不再感興趣，他們常常無法當面拒絕對方或看到對方傷心難過，所以就選擇不打電話，大多數的男人都難以開口向另一半說：「這段時間和你在一起真的很快樂，謝謝你，也祝你好運，未來希望你可以過得很好。」或者「你是個不錯的人，可是我想我們的關係就到此為止，我不會再和你約會了。」尤其是想到對方可能會逼迫他們說出個理由來，更是讓他們怯步，於是甘脆選擇當個縮頭烏龜算了。

千萬別一個勁的坐下來，想著千百個他不打電話給你的理由，很可能到頭來你還是只一味在替他找藉口，比如說你可能會想：「他或許工作太忙了！」或「他才結束一段愛情長跑，可能需要一些自己的空間吧！」或「他有告訴我最近正忙著搬家。」等，雖然我個人比較喜歡最後一個，但儘管如此，對一個有心和你交往的人，這些理由都不是理由，因為男人一旦遇見了適合的女人，總會破除萬難打電話給對方，還會千方百計的挪出時間與對方見面，再加上現在聯絡的工具多的不勝枚舉，手機、傳真、黑莓機、電子郵件等，真的沒有什麼理由可以說不聯絡就不聯絡。

❖男人如果對你有興趣，他會空出時間的

女士們，一定要想辦法弄懂男人的心，要了解他對你的態度認不認真？以下我列出一些男士的說法，從中可以知道他們是透過什麼方式，以及在什麼樣的情況下知道對方是他們的「真命天女」：

1. 我就是想跟她在一起，我的腦海都是她的身影，即便我在工作也是如此。
2. 我有種直覺，這個女生似乎就是我的「真命天女」。

3.我喜歡她很受朋友的歡迎，他們常對我說：「她真的是個很不錯的女孩。」、「你們倆真的很適合。」或「她真的很平易近人，對人很好，也很友善。」等等。
4.我覺得我可以帶她回家見見父母，我一定會很驕傲的介紹他們認識。
5.我只想和她在一起，她是我的唯一。
6.我喜歡她的一切，喜歡她走路的方式，喜歡她做事的方式，也喜歡她聞東西的樣子，她真的是女人中的女人。
7.和她在一起很舒服，我可以做我自己。
8.我有種想要保護她的感覺，想為她做一些特別的事。
9.她很性感，讓人無法自拔，她也很時尚，體態很優雅，介紹她給身邊的人認識，我倍感驕傲。
10.我喜歡她的長相，也喜歡她把自己照顧得很好，我覺得即便和我在一起後，她還是會像這樣。
11.我真的可以想像她就是我未來小孩的母親。

❖我們有過一段美好時光，可是現在她卻不再打電話給我了

不只是女人，男人也有這類的困擾，有時他們也搞不懂異性的想法，所以男人也需要知道什麼樣的「跡象」代表女人真的對他有興趣。我們都知道男人如果說要打電話卻沒打，女人會有多難過，這種事也常常發生在男人身上，他們也常常為此困擾許多。前不久，我才接到客戶吉米的電話，他先前和維若妮卡有過一次很不錯的約會，在約會接近尾聲的時候，他問說下次可不可以再約她出來，維若妮卡回答說：「好啊！再打電話給我吧！」

吉米之後告訴我：「瑪拉，我真的好疑惑，我打了整整三天的電話，她卻一通也沒回，究竟她想不想再看到我？你可以幫我解釋一下嗎？」

男士們，我得直話直說了，要女人直接去刺傷一個人的心，或是要她們置身於尷尬的情況，對她們而言真的很難，我當然很樂意幫忙連絡對方，然後把結果回報給客戶，可是情況通常一樣毫無進展，對方的回答依舊會是：「吉姆的確很貼心，但他整個人就是無法引起我的興趣。」所以這個女人乾脆就拒接吉姆的來電，但如果不小心接到他的來電，面對他的邀約，她也可能會有下列的說法：

1.我已經決定和前男友復合了。

2. 我現在工作太忙了，實在沒時間談感情。
3. 我要到別的地方去，一去就是好幾個月，或許等我回來我們再約好了。
4. 我有遇到別的人，想看看和他談不談得來。
5. 我已經決定現階段不談感情了。

這些理由都很直接了當，所以男士們，女人如果不接你們電話，就表示她們對你們不感興趣，因此之故，也絕對不會是你們的靈魂伴侶，你們莫再留戀，請繼續去尋找下個人選吧！

靈魂伴侶功課

對方不想進一步和你交往時，

你聽過什麼樣的理由？

（或是你曾經用過什麼理由拒絕對方？）

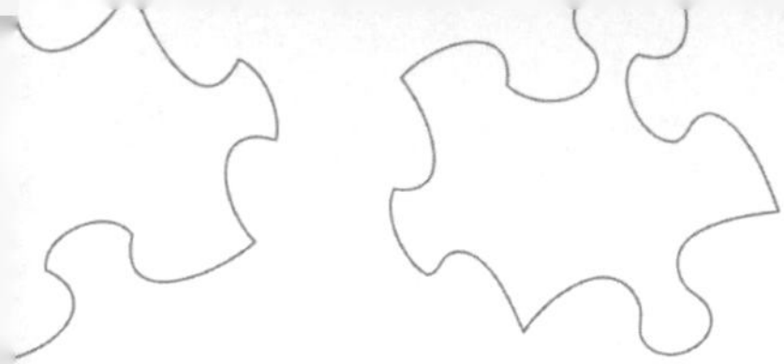

第十四章

好好去戀愛吧！

現在我要重述一些重要的步驟，請務必牢記在心裡，也要時常溫習這些步驟來加強記憶，敦促自己要採取行動！首先，你要先記住主要的步驟：

先想好你生命中希望吸引到什麼事，在腦海中刻意產生這樣的想法：

1. 了解自己不想要什麼。
2. 了解自己真的想要什麼。
3. 找到想要的那種感覺。
4. 耐心期待、仔細聆聽、並聽由上天的安排。

其他的建議：

❤每天花一些時間去做夢、去創造並且去渴望，讓能量流向你的渴望。
❤每天重複一些肯定自己的話，告訴自己想要什麼，又是為什麼。內心要真的對這些想法感到興奮，並確定自己在說這些話時，體內流動的是好的能量。
❤要活在當下，過去種種不等同於你的現在和未來。
❤要記住自己是生命經驗的創造者。
❤要不斷創作和修改自己了不起的劇本，讓這些劇本變得更好、更有趣、更盡善盡美。一定要以現在式的方式來陳述劇本，這代表你已經得到了想要的結果。

❤要善待自己，愛惜自己，並且尊重自己。

❤要知道你所渴望的事正朝你走過來。

❤只要想自己想要什麼，避免想自己不想要什麼。

❤請記住，時機很重要，所以要耐心等待。

❤要看到每件事物的美，多留意身邊的美麗花朵、雄偉的建築，以及小孩子燦爛的笑容。

❤一定要時常保持快樂、幸福的感覺，這樣一來才能不斷朝你渴望的目標邁進。

❤有好的情緒，才能讓渴望的事得以實現，所以要時常保持好心情。

❤多談談美好的事情，不好的事情少談。

❤敞開心胸去認識不在你理想條件中的人。

❤要確定自己不論在外表還是在感覺上，都呈現出最好的狀態，評估自己可以帶給自己什麼樣的好處。

❤試著讓自己變得有趣且好相處，你想和什麼樣的人約會，就要做這樣的人。

❤每天讓自己保持靜默幾分鐘，減少許多你生活中所發生的諸多紛紛擾擾。

❤欣賞其他人獨特的特質。

❤要樂在自己的生活中，除了「尋找靈魂伴侶」外，還要培養其他的興趣。

❤請務必要待人有禮貌且準時，你要別人如何對待你，就要用同樣有禮貌的方法對待別人。

❤要多花時間經營自己，讓自己的生活既充實又滿足，這樣你才有足夠的能力去付出。

❤請記住，你怎麼想，就會有相對應的感覺，你怎麼感覺，就會有相對應的振動模式，而你怎麼振動也就會吸引到相對應的事物。

❖人生如同畫布，由你盡情揮灑

你絕對不會出錯，也絕對不會犯錯，雖然利用感覺來創造生命中渴望的事物可能對你而言是很新穎的觀念，但沒關係，相信我，這個方法真的很有效，希望你能從中得到樂趣，把這件事看作像遊戲一樣，練習讓能量流動，也練習讓自己產生振動，並練習撰寫理想劇本。此外，你也要寫一些肯定自己的話，心存感激地過每一天，最重要的就是要活在當下，不管過去發生過什麼，或沒發生過什麼，都和現在沒有關係，若硬要把過去的事拉到現在來，只會降低你的振動頻率而已。

不要只想著未來的夢想，要學著去感覺，這是一個屬於你的世界，你必需要學會控制自己的能量，才能掌控自己的生活。照著這樣的方法去做，你一定會如願以償，所以要期待就期待最好的吧！

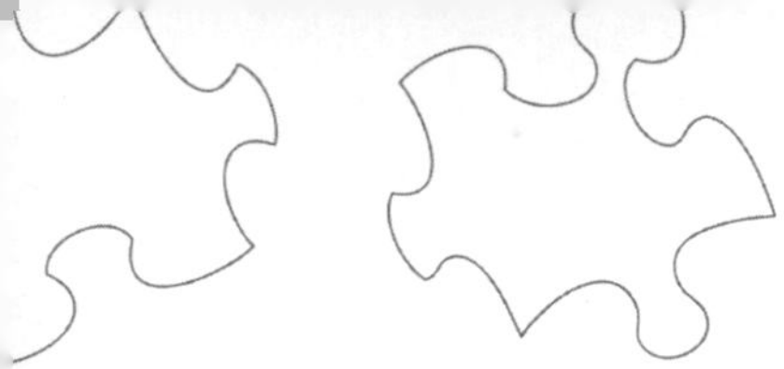

第十五章

瑪拉教室：約會的疑難雜症

身為一個專業媒婆，我的工作有一部分是要幫客戶解惑，並且提供一些實質的建議，希望能成功幫助客戶找到適合的對象，客戶常會有約會及戀情發展的疑問，以下是一些經常碰到的問題：

我如何在電話中給人好印象？

任何尋求配對服務的人，一定是透過電話和介紹的對象做第一次的接觸，這通電話非常重要，常常決定兩人未來可不可能見面。但不幸的是，很多人話才講沒幾分鐘，就完全被淘汰出局了。我知道和完全陌生的人聯絡難免會讓人心生恐懼，甚至有點緊張，但因為電話那頭很有可能是你理想中的靈魂伴侶，你還是必須表現出迷人的口吻，讓人留下好印象。因此，這裡我提供一些小要訣，可以幫助你和介紹對象的第一次對談能進行順利。

首先，你要知道，電話那頭的人可能也有點緊張，而且光靠通電話，真的看不出一個人的真實性格，所以第一次電話時，盡量長話短說，這樣一來日後見面才不怕沒有話聊。在說話語氣上，試著讓對方知道你很高興他／她的來電，也迫不及待想與他／她見面。有不少客戶向我抱怨說，在第一通電話聯繫時，對方似乎有點心不在焉，表現得興致缺缺，或甚至忙到不想理人等。因此，如果真的想好好認識一個未來可以共度生命的人，你要別人怎麼對你，就要用同樣尊敬的態度對待每個人。

曾經有位男士告訴我，他打電話給介紹的對象時，對方的語調聽起來沒有高低起伏，似乎沒什麼興趣，還要求他晚點再打，然後就迅速地掛上電話。之後我聯絡了那位女性客戶，問她有沒有興趣和這位男士說話或約出來見個面，她說：「當然有啊！瑪拉。當時接到他的電話時，我正巧在開會，所以不太能講話。」事實上，我們可以用很多方法讓對方了解，現在不是聊天的適當時機，就不會澆熄他想認識你的希望，你可以說：「嗨！吉姆，我很高興你打電話給我，可是我正巧在開會，無法多聊，但期待能和你說說話，什麼時候你會有空？我再回電給你好嗎？」

我聽過一個最好玩的故事，就是有個女人回電話給對方，他們在電話中聊了將近十分鐘，由於對方的聲音一直壓得很低，好像在忙其他事一樣，她覺得對方好像沒興趣和他說話。之後我後這位男士談起這件事，他才告訴我，因為當時在圖書館裡面，聲調才會故意壓低，但他竟然沒事先跟對方說清楚。

最近，電話留言成了大家在找不到人時最常使用的方式，卻在溝通上造成了很大的困擾。每個人現在都很忙，忙到很難互相聯絡。我曾聽過有人一連好幾個禮拜都在別人電話機上留言，卻一個也沒聯絡到，這聽來的確很令人沮喪，不少人就會因此覺得成功的機會不大，於是放棄，再要求重新配對一次。其實有這樣的想法真的很不好，因為你放棄的或許就是你要找的理想人選，所以針對留言的問題，我有個簡單的解決辦法。留言時，要告訴對方可以連絡你的幾個時間，希望他決定之後能留言告知選定的時間。就這麼簡單，這樣你就獲得了一個可以交往的對象。

我如何在第一次約會就留給對方很好的印象？

赴約的時候，要滿懷著期待的能量，除了花時間努力打理自己的外表，讓自己看起來很光彩外，自己是不是也該花點時間把心態調整到最佳的狀態呢？這個步驟比穿什麼衣服、設計什麼樣的髮型還要來得重要，因為你即便身材集辛蒂．克勞馥、泰拉．班克斯或安潔莉娜．裘莉於一身，也不保證下次還能受邀再出去。因此，約會前花個五分鐘、十五分鐘，或半小時的時間，讓自己坐下來、閉上眼睛、深吸一口氣、邀請幸運之神降臨，並在腦海中好好想像這個夜晚即將會如何度過。

想像每件事都進展得很順利，想像你和這個新朋友聊得很開心，這個新朋友看到你可能會很緊張，也可能很興奮，也或許會有點沮喪，或者上述情緒都有，甚至還有更多複雜的情緒，但無論如何，要去除所有和這次約會有關的負面情緒，不要讓負面情緒在心中占有一席之地，這是全新的一天，對方是全新的一個人，對你也是一個全新的機會，肯定的告訴自己這將是個很棒的經驗，心中要滿懷著正面的期待，也要肯定自己是一個很棒又很特別的人，一定可以找到最理想的伴侶，同時如果對方不是你理想中的伴侶，你也可以欣然接受對的人正朝你的方向走過來。要了解，每個新認識的人，都可以為你的生活帶來既有趣又美好的事物，例如原本你是和瑪西亞去約會，但過程中你們絲毫沒擦出任何火花，但她很欣賞你樂觀積極且幽默風趣的性格，所以想介紹她最好的朋友蒂娜給你認識，因為蒂娜正好也單身，正好也在尋找理想中的白馬王子，那就太棒了！所以當你在尚未離開家前，自己就培養好正面積極的心態，你就可以成為這場遊戲的主宰。

穿衣服的方式是否要越能吸引對方的目光越好？

女士們，你們一定都想讓對方留下第一眼美好的印象，男人是視覺的動物，這是你們都知道的事，我也常聽說男人看到異性時，通常在兩、三秒內就可以決定，對方是不是自己感興趣的對象，短短的三秒內，你相信嗎？所以你的長相的確是約會成功與否的關鍵所在。我在辦公室裡曾遇過一些打扮得很自然且妝畫得很淡的女性，在我看來她們都很漂亮，但問了一下她們約會的對象，這些男士一致認為，她們雖然很漂亮，但妝畫得都太濃了，這點讓他們很不喜歡。女性為了約會時能看起來很漂亮，有時會過度妝扮自己，卻忽略了大多數的男性比較喜歡的是長相清新的美女，所以女士們，上一點妝雖然不錯，但千萬別過度濃妝豔抹才好，抹香水也一樣，量少反而效果更好，因為每個人都有不同的喜好和品味，除非你已了解對方的喜好和品味，否則盡量擦得清淡些就好，一些帶有女性特質且清新好聞的香水就是你最好的選擇。有些女性會在出門前，特意在身上擦些味道濃郁且嗆鼻的香水，而且一擦就是半瓶的量，如果你不想讓對方和你見面就頭痛，或不停打噴嚏，就別這麼做。

現在我們來談談穿著。第一次約會時的穿著也很重要，衣服的選擇要以穿起來舒服、有質感，樣式簡單、優雅又有女人味為主，這些都是你要追求的衣著重點，建議你不要穿超短迷你裙，也不要穿太低胸的上衣，以至乳溝外露，因為這只會讓人覺得你很沒價值，對方也可能覺得你晚上應邀出來只是想跟他玩玩而已，決不會慎重和你交往，也決不會帶你回家面見父母。但要是你身材很好，那肯定要用衣服來展現你的好身材，已經有不少男士告訴我，經過第一次或甚至到第二次約會，他們還是不知道對方的身材如何，因為對方穿的衣服既鬆垮又沒型，所以女士們，請務必在衣著上儘可能打扮自己有女人味才是。此外，你也可以問問約會的對象，你們要去什麼樣的場合，你是需要穿去公園散步的休閒服，還是海灘服，還是帶著攀岩的裝備？如果你們要去的地方是動物園，因為要走一天的路，你可不想穿著高跟鞋去吧！

你應該很訝異適當的穿著對約會成功與否關係那麼重大，就像哈洛德有一次約麗莎去看美術展，並約她穿越附近的一座公園走了一段很長的路，可是麗莎赴約的時候穿著襯衫和裙子，腳上還踩著高跟鞋，哈洛德看到麗莎不論在美術館或公園，都走沒多久就走不動了，興致也有點受到影響，他曾提議要帶麗莎回家換雙休閒鞋，但麗莎卻說家裡沒有休閒鞋，於是哈洛德又提議要帶麗莎去運動用品店買一雙，但麗莎卻以太奇怪為由而婉拒了，所以他們要看的展覽不但沒看成，整個約會的心情也被打壞了，事後，哈洛德告訴我，他比較喜歡務實型的女生，因為這樣的人願意偶爾換上家常褲和休閒鞋，並且能夠隨遇而安。

誰該付錢？為什麼？

如果你參加的是頂級交友服務，尤其是那種女生不用付費就可以加入的服務，配對成功後，通常男生必需付擔約會的全部費用，但如果你使用的是網路交友服務，配對成功後，雙方可能各要付擔一半的費用。很多時候，兩人約會最簡單的方式就是去喝杯咖啡，雖然現代女性在各方面都要求平等，但說到約會這檔事，卻還是希望能享有女性特有的權利，換句話說，我們還是希望受到男生的保護，希望得到男生的呵護，甚至有很多女性會故意測試約會的對象，等帳單來的時候，她們會拿出自己的皮夾，然後問對方：「我該付多少錢？」如果對方讓她付了一半的費用，她就認為他很小氣，可能就不想再和他繼續往來。

過去我在約會的時候，從來不知道該怎麼做，直到我和前夫離婚後，我記得曾經問過一個單身的女性朋友，因為她的約會經驗很多，所以我問她：「你和男朋友一起用餐時，他會負擔你的費用嗎？」她說男朋友真的很幸運，可以和她這樣一個美麗又迷人的女朋友吃飯，既然如此他本就應該負擔所有的費用。我聽從了這位女性朋友的建議，而效果真的很不錯。然而，你可別一天到晚要男友幫你付錢，如果你要持續和對方交往，偶爾一、兩次換你請他也不錯，要不然你也可以邀請他到你的住處，親自煮一頓飯給他吃。這就是當初我和現在這個老公交往的方式。在剛開始幾個禮拜，他總是請我到處去吃好吃的料理，之後我想回報他的愛，所以每個禮拜會選幾個晚上親自下廚煮飯給他吃，我吃素，最愛的一道菜就是炒豆腐，我認為這道菜真是美味極了，也理所當然認為他也應該會喜歡，但事實卻非如此，他非常討厭吃炒豆腐，但基於禮貌，他從未抱怨過一句話，一直到多年以後他才告訴我真話。他默默地忍受我的炒豆腐，只是為了能和我一起吃飯。

所以，女士們，不用害羞，把帳單交給男方去付吧！但之後要真心誠意地感謝他的熱情招待，但如果你們有幸繼續交往，也別忘了偶爾換你回請他幾次。

第一次約會如果感覺不錯，可以和對方發生性行為嗎？

你可能有聽過這句話：「不要第一次約會就和對方發生性關係。」如果你有興趣和某人長期交往，就不要見面沒幾次就和對方發生關係。女生如果太快和男生發生關係，多數男生會自然而然認為她可能習慣如此。最近，卡拉在我的介紹下，認識了一個條件很棒的人，不久之後，她打電話給我，還對著電話大叫「噢！耶！他真是個很棒的男人，我們在一起好愉快喔！我們互相強烈著吸引對方，但我記得你曾經告訴我，不要太快和交往的對象發生性關係，這對我來說真的很難，因為我深深為他所著迷，實在很難抗拒他對我的誘惑，不過我還是做到了！」我大大讚美了她一番，但還是建議她要保持現有的矜持，直到兩人已經完全認定彼此為止。

男女雙方如果太快進入親密關係，不但會錯失彼此互相追求、調情及戀愛的過程，也無法享受慢慢認識彼此的美好時光，一旦進入了親密關係，即便兩人尚未彼此了解，關係也會立刻推進到「男女朋友」的關係，隨後就陷入非常尷尬的局面，沒有人知道下一步該怎麼走。所以，女士們，你們要知道，如果你太快和對方發生關係，那個人很可能這次見面後就不再與你聯絡了。

女人處處要求平等，但為何還要男人幫忙開車門，或男人能為她們做各種事情呢？

男人幫女人開車門，不是因為女人身體太柔弱了做不來，而是為了要展現對女人的體貼之情，而男人會這麼做則是為了讓女方覺得她是很特別的女人。約會時，女人若一而再、再而三地接受這樣貼心的照顧，就會開始卸下心房，這是因為她們覺得和對方在一起感覺很棒，也覺得備受呵護。現代女性有很多的需求，以下是一些例子：

1. 女人需要有人關心她過得好不好，也需要有人嘗試了解她的感受。
2. 女人需要有人能在生活中幫助她、支持她，讓她不覺得很孤單寂寞。
3. 女人需要有人注意她，也知道這個人是真心在關心她。
4. 女人需要知道一件事，就是她的愛是有回報的。
5. 女人需要有人主動幫忙規劃事情。

誠實真的是上策嗎？

最近，我常接到男士們的電話，他們告訴我有關古怪女生的事。我曾在一個星期內就一連聽到三個令人頗為難過的故事，我現在轉述給你聽。第一個故事是喬的故事，他是個貼心有禮貌的男生，原本預定好要和辛蒂約會，對方甚至還打電話來確認，並要求當天晚上可否延後一個小時見面，因為她還有事要忙，喬答應了辛蒂的請求，並依約在七點四十五分去接她，到了她家門口，喬敲了敲門，卻沒聽到半個人回應，他再敲了一會兒，並且還呼叫她的名字，可是依舊沒有回應，房子裡的電燈亮著，屋內的狗不斷的咆哮，喬拿起手機打電話給她，仍舊沒人接，喬終於明白他被放鴿子了，他的心情真的好沮喪。

第二位男士名叫彼得，和潘蜜拉約好在星期六晚上第二次見面，於是他帶著玫瑰花束出現在她家門前，敲了敲門，卻沒人回應，彼得於是用行動電話打給潘蜜拉，電話接通了，她卻告訴他碰巧月經來了，沒辦法出門，但彼得聽得出來電話背後的聲音好像是來自一家餐廳，他為此非常地生氣。

接下來就是史考特的故事了，他和茱莉亞明明約好星期一晚上見面，星期五才通過電話，決定好了時間和地點，事實上地點是茱莉亞選擇的，因為她說那家餐廳她很熟，史考特則是欣然同意。到了星期日，史考特再打電話確認了一次，電話沒人接，直接轉進了答錄的功能，史考特於是留言說明天可以和她見個面，但茱莉亞事後也沒再打電話給史考特，所以星期一晚上史考特就把兒子托給保姆照顧，自己開了三十多公里的車程去找茱莉亞，但她卻沒露面，連一通電話也沒有，不用說，史考特非常生氣，心情既沮喪又受傷。

我一直在想為何人們總是害怕說實話呢？為什麼就不能直接說：「聽好，你或許真的是不錯的男生，但我就是不喜歡你講電話的聲音，所以不想和你見面了。」或者「我和你在一起真的很愉快，可是你的外表就是無法深深地吸引我，謝謝你對我的付出，祝福你。」相反地，很多人乾脆不赴約、不接電話、甚至還編造愚蠢的藉口來搪塞。

我想每個人都很擔心會傷到別人的心，也很擔心被當成壞人，所以我們不允許自己真實的表達情感，也不允許自己誠實以對，這方面我曾經是個受害者，也曾經是加害者。以前為了不想和某個男生約會，我會編織愚蠢的藉口來拒絕他，也記得曾經和某個男生出去過幾次，真的很喜歡他，有一次我們約好某個晚上要見面，我非常的興奮，精心打扮自己後就坐著等他來接我，照理說，他七點三十分應該要出現，但時間到了卻不見他的人影，然後等過了八點三十分、九點三十分、十點三十分，他還是沒出現，於是我哭倒在床上，有什麼問題我應該要相互溝通才是，可惜我們卻沒有。誠實的方法有很多，而且還可以保持你溫文儒雅且關懷別人的氣度。

最近我介紹威爾和蕾娜互相認識，第一次約會後，威爾寫了封電子郵件給我，信中說他很期待再多認識蕾娜一些，而蕾娜也告訴我她非常喜歡威爾，很希望能再見到他。蕾娜四十四歲，威爾六十五歲，對蕾娜而言，年齡不是問題，因為她比較喜歡年紀大的人，之後的幾個星期，他們又陸續見了幾次面，然後威爾又寫了電子郵件給我，他問我一些和蕾娜交往的問題，因為他覺得蕾娜好像變得有點冷淡了，於是我打電話給蕾娜，想要一探究竟，她告訴我，雖然威爾真的很不錯，而且擁有一切她所尋覓的伴侶特質，但問題就在於他看起來實在太像她父親了，根據蕾娜的說法，原因不在於他的年紀，而在於他的長相和言行讓她無法有男女間戀愛的感覺。蕾娜還說她原本計劃要打電話給威爾，然後編造一些藉口來拒絕他，比如說又有其他對象了，或者說現階段太忙了，沒時間約會等等，我隨後問她：「為什麼不直接把事實告訴威爾呢？如果他知道自己長得很像你父親，大概也無法接受吧！我敢確定他想知道的是真正的原因。」無論蕾娜有沒有說實話，還是只是用藉口來搪塞，威爾都會很失望，既然結果都一樣，何不就誠實以對呢？每個人都喜歡知道實情，雖然實情有時會讓人有點難過，不過對交往的雙方而言，誠實說出不適合的理由，對兩人未來的戀情也都有幫助，而且誠實的人才會得到彼此的尊重，俗語說得好：「誠實為上策。」不就是這個意思嗎。

何時才是固定和某人交往的最佳時機？

在提供女性客戶相關的約會建議時，我總會告訴她們「約會對象就要像男生一樣多，多方交往較好。」一直到彼此都互相認定為止。所以我常常會接到電話或收到電子郵件，內容大多是告訴我：「哈囉！瑪拉，謝謝你的幫忙，讓我有了不少美好的約會經驗，但上星期我在一個派對上遇到了他，我們只出去過一次，可是我真的很喜歡他，所以我不想再和其他人約會了，想先和他交往看看。」或是說：「哈囉！瑪拉，真的很謝謝你把馬克介紹給我認識，他就是我要找的理想對象，所以你暫時不用再幫我介紹對象了。」

千萬不要這麼做！為什麼才經歷過一次或兩次的約會後，就要把所有的雞蛋放在一個籃子裡呢？女士們，你們應該很清楚男生通常不會這樣做的啊！當然這也有例外的時候，有時候兩個人一開始就情投意合而且如膠似漆，我和我老公就是最好的例子，但通常男生在和一個女生交往的同時，多半還是會隨時注意身邊有沒有更適合的對象，換句話說，他在嘗試和你交往的過程中，還是不會錯過其他可能交往的機會。有時候我明明知道某個男生，還沒完全決定一個固定交往的對象，因為那個男生還是不斷打電話給我，要我幫忙找對象，而女生卻因為他而推掉了其他交朋友的機會，心裡就真的很不平衡。所以，我的建議是，除非對方已經給你承諾，願意和你穩定交往，否則還是要像男生一樣，給自己多一點選擇的機會，這樣一來，如果對方決定不和你交往，你就不會浪費時間，而且覺得很受傷。

同時，講到太快決定固定交往的對象，太快結婚或太快宣佈你和某人的戀情，結果通常都不是很順利。最近我介紹艾美和詹姆士互相認識，詹姆士住在邁阿密，艾美住在洛杉機，詹姆士因為工作的關係，即將要東、西岸兩邊跑，所以他不覺得認識住在洛杉機的女生，對他而言有何困難。後來詹姆士到了洛杉機，他帶艾美去吃了一頓豐盛的晚餐，之後又帶她到一個爵士酒吧去同歡，他們真可說是一拍即合，進展得非常順利。詹姆士非常喜歡艾美，甚至還向她提議，要她到邁阿密來找他，隔天詹姆士就離開洛杉機，回到了邁阿密，之後的一個禮拜，他每隔兩天就打電話給艾美，他們真的很享受彼此認識的過程，然後十天之後，詹姆士就幫艾美買了飛往邁阿密的機票，相約在邁阿密再度相會。艾美非常高興這樣的安排，二話不說立刻就飛去找詹姆士！他們在一起相處五天之後，詹姆士打電話給我，他說艾美真是個可愛、溫柔又完美的女人，他們在一起每天都很快樂，他還說艾美非常愛他的狗，又很喜歡他的家，也很好相處，而且幾乎每件事都跟他很合得來，可是就在艾美說她很愛他，想和他結婚之後，他對她的好感完完全全破滅了，畢竟他們也不過才短短相處兩個多禮拜的時間而已！詹姆士深感壓力好大，決定終止和艾美的來往。如果艾美能讓感情自然發展，單純的享受和詹姆士在一起的每一分每一秒，難保結果會大不相同，你說是嗎？所以女士們，千萬保持冷靜，感情的事要慢慢來，要享受交往的過程，男生約會的心態值得你們學習！

如果我約會的對象怪里怪氣的，我可以連再見都不說，就從後門溜走嗎？

我最近接到一個男性客戶的電話，他把前天晚上和約會對象吃飯的經過回報給我知道。這位男性客戶名叫羅德，他邀蘇菲到一家不錯的餐廳吃飯，那家餐廳位在市區，外頭有中庭和噴水池的設計，他們就座後，各自點了杯紅酒和幾道開胃菜，羅德覺得蘇菲雖然有點高傲，但卻非常迷人，他覺得彼此相談甚歡，於是兩人又加點了一杯紅酒，之後蘇菲說要去化妝間一下，就離座了。

大約過了十五分鐘左右，羅德開始察覺不太對勁，於是起身環顧一下餐廳，又找來餐廳老闆及服務生詢問，但他們都說沒看到蘇菲，於是羅德回到座位上，又再等了十五分鐘，然後決定用手機聯絡蘇菲。羅德留了一些訊息給她，卻沒有得到任何回應，最後他決定回家。由於羅德和蘇菲是約在餐廳見面，所以他根本不知道她家住在那裡，但他非常擔心她的安危，一度有考慮要報警，我告訴他別著急，待會會替他打電話給蘇菲，並問她究竟發生了什麼事，我一共打了三次電話，但都找不人，最後還寫了兩封電子郵件給她。

幾天後，換我開始擔憂了，於是我留給蘇菲一封語音訊息，告訴她隔天若再沒有她的回應，就要報警處理，請警察登門查看。沒想到，她立刻回了電郵，告訴我她對於不理不睬這件事深感抱歉，還說當時會不告而別，是因為發現羅德竟是個牙套男，一點也不帥氣迷人，實在無法逼自己正眼瞧他。蘇菲說當時她真的不知道該怎麼辦，只好假藉去上洗手間，然後趁機離開了。蘇菲的說法讓我非常震驚，我很同情羅德的遭遇，因為他真的很在乎蘇菲，事後他知道蘇菲的確不告而別時，簡直難以置信，心情既難過又受傷。

遇到這種情況最好的做法應該是儘快結束這場約會，直接了當地告訴對方：真的很抱歉，但真的覺得兩人不合適。此外，還要謝謝他的寶貴時間與體諒，並祝他未來可以心想事成。請記住，沒有人有任何理由可以不告而別，並因此傷了別人的心。

救命啊！約會竟占了我全部的時間！

如果你參加了一個婚友社或交友網站，就會有數不完的約會等著你，數量可能多到令人難以負荷。傑就是個很好的例子，他一口氣加入了兩個交友網站，也很積極的在替自己尋找未來的對象，所以每個禮拜幾乎都有十次和網友見面喝咖啡的機會，但可想而知，他很快就精疲力盡了，不但厭煩一再重複自己的故事給不同的女人聽，也難以記住曾經和誰約會過，對方又有什麼樣的故事？時間久了，他還是沒找到足以吸引他的對象，漸漸的他變得很灰心，也非常討厭自己。傑真的需要暫時抽離約會的情境了。

有的時候為了找到合適的對象，我們為此承受了很大的壓力，認為要達到目標，就要儘可能出去和不同的人約會，但有時候留給自己一點時間，暫時休息一下，也是有好處的，因為這樣一來才能重新整理自己，讓自己繼續保持正向的態度。

茱莉對查理的觀感頗為有趣，她說查理雖然很迷人，個性也不錯，但對他而言，約會似乎成了一種例行公事，看得出來他興致不怎麼高昂，表情看起來也有點疲憊和憔悴。他們原本約好一起吃晚餐，然而一到餐廳，查理卻臨時決定在吧檯點個飲料喝就好，茱莉立刻知道查理想先了解她是不是適合交往的對象，之後才願意出錢請她吃晚飯。查理告訴茱莉，他曾透過婚友社的介紹，和不同的女性見面過，但沒有一次成功，他開始有點厭倦了，最後查理不僅毀了可以和茱莉交往的機會，也浪費了彼此寶貴的時間，查理真的需要好好沈澱自己，重新找回自信心與正面積極的態度，暫時別再逼自己約會了。如果你才剛分手，也暫時不要再立刻和別人約會，尤其你才結束了一段長久的戀情，或才不久前與前男友／女友痛苦的分手，那更需要好好休息一下，讓自己有足夠的時間療癒內心的傷痛，這樣你就不會把約會的對象當成訴苦的對象，整晚都在抱怨前男友／女友的不是。

如果約會的感覺不錯，那為何他不再打電話給我呢？

在和男客戶聊天的過程中，我才知道，原來看起來不經意的一件小事，也可以成為男生願不願意與你保持聯絡的決定因素，男生有可能在幾經思考後，就毅然決然不和你連絡。舉例來說，一起吃晚餐的時候，女生可能不時的東張西望，而沒把眼光沒放在他身上，也可能是女生妝化太濃了、遲到了二十分鐘卻沒聯絡、對小孩抱持負面的看法、已有兩個小孩等等，任何事都有可能造成他不想與你連絡的原因，而且除非你夠幸運，遇到一個誠實的媒婆，會把對方的想法老老實實地告訴你，否則你可能永遠也無法知道對方不打電話的真正原因。前不久，我要一個男生自己決定要不要再打電話給某個女生，那個女生家中養了一些小狗，男生最後覺得對方愛狗比愛他還多，所以毅然決然不再與她連絡。另外還有一個男生，他和一個女生約會見面，之後還一起回到女生的家中，卻看到女生家裡一樣傢俱也沒有，根據他的說法是：「連一根棍子也沒有。」於是他告訴我，一個女生家裡如果沒有任何傢俱，表示她做事很沒條理，所以他也不想和這樣的人繼續約會。此外，最近我還聽到一個男生說，雖然先前和他見面的那個女生長相甜甜的，很有魅力，但就是口腔衛生做的很不好，不但牙齦萎縮了，牙齒也泛黃了，他實在很難想像和她親嘴的樣子。

以前我在約會的時候，也有同樣的困擾，對方明明說好要打電話，卻一通也沒打，當時我真的難以理解。我記得還有幾次約會，過程其實還滿開心的，而且我也知道對方玩得也很開心，甚至有時還會產生某種「吸引力」（可能我們不斷的親吻、勾引對方吧！），然後到了晚上要臨別前，男生總會說：「今晚真的很愉快，下次再打電話給你囉！」我則會輕柔的回答：「我也是！」心裡其實早已樂不可支，真的很興奮能和這麼優質的男人一起同度如此美好的夜晚，但更重要的是，他還想再約我出去呢。不料，到了隔天，他一通電話也沒打來，我心裡想：「或許他工作太忙了，明天或許就打來了。」再隔一天，還是沒有他的電話，然後一個禮拜、兩個禮拜、三個禮拜過去了，他依舊還是一通電話也沒有。我終於了解，心目中這個「優質」男是不會再打電話來了。

記憶中，我還有一次很受傷的經驗。當時我遇到一個男生，和他出去幾次後，就一起過夜了（夠愚蠢吧！）。隔天起床，他很深情地擁吻我，還對我說：「明天再打電話給你喔！」一時之間，我覺得非常有安全感，也確信他一定說到做到。結果往後的幾天，他一通電話也沒打，我終於忍不住，直接打電話給在上班的他，他說他正在開會，稍後會再打給我，可是還是無消無息。幾天後，我又試著打了一次電話，照樣還是被他用同樣的理由打發了。我覺得自己簡直愚蠢到極點，心想大概是自己做錯了什麼事，要不然就是自己出了什麼問題。不過，現在我終於知道了，當男人在臨別時對你說：「我會打電話給你。」其實心裡根本不是這麼想時，理由很簡單，他們並沒有強烈的動力要和你發展長期的伴侶關係，但又不想傷你的心，也不想面對說實話時的困窘場面，所以只好對你口是心非了。

不管約會的過程開不開心，不管彼此之間有沒有所謂的愛慕之情，男生會不會打電話給你，完全取決於他們自己，理由為何？你可能永遠也不知道，但他們就是不再對你有興趣，不再熱烈的追求你。其實他們也不想這麼粗魯無禮，但就是不知道該如何拒絕才好，其實女生不也一樣嗎？即使不怎麼感興趣，也總會告訴男生：「當然啊！我也想和你再見面，記得打電話給我喔！」可是日後一看到對方的來電顯示，就再也不接也不回他的電話，希望藉此讓對方了解她的心意。過去我也犯過同樣的錯，就是希望可以因此避免傷到對方的心，所以如果你約會的對象不再打電話給你，很簡單，你並不是他想要的對象，就把這個經驗當成美好的回憶，繼續尋找下一個目標！

為什麼男生那麼在意肉體，而不注重精神和心靈的層次？

做這個工作長久以來，遇到過不少條件不及格的男生，卻告訴我想找個十全十美的女生，對方至少要比自己年輕好幾歲，還要長得美豔動人，我只能說那都得靠老天爺幫忙了，對我來說，這種要求真的有點令我為難。同樣的，也有不少女人問我：「男人只在意長相這件事嗎？他們只有美女才想娶回家嗎？難道都不考慮心靈和精神層次的問題嗎？」

沒錯，男人常以外表來評斷女人，看起來真的很膚淺。在工作的時候，我常因男客戶太看重長相這個條件，而拒絕了一些條件不錯但外表不好看的女生，為此我感到非常難過。再加上，男生通常是付錢的大戶，所以總期待我們可以幫他們摘到天上的星星。男人向來就是生理取向的動物，他們喜歡找具有年輕且健康特質的女生，然後再從中選擇一位幫他們傳宗接代。這聽起來雖然有點愚蠢，也有點不公平，但男生就是有這方面的需求，他們無法抗拒。男生多半講求視覺感受，女人則非如此，她們會注意到男生的其他特質，而深深受到吸引，例如男生對待他們的方式等。你是否曾注意到，有很多長相普通又不帥氣的男生，身旁卻有個漂亮的伴，但同樣的情形卻很少發生在女生身上？沒錯，我們永遠無法改變身旁這群「膚淺」的男生，最好的做法就是接納他們，有時候再把他們荒謬的行徑拿來大大取笑一番也不為過。

但如果你沒有像女星帕米拉．安德森（Pam Anderson）般天使的臉孔和魔鬼的身材，也不要因此自暴自棄，老實說，我也沒有，但我的先生卻對我非常滿意。大多數的男生都想找個十全十美的對象，但最重要的是，你要先對自己感到滿意，如果你覺得自己還需要有更好的身材、或更美麗的外表，那就朝這方面努力吧！相信你一定可以變得越來越有魅力！

要讓女生對我的印象大大加分，我要注意哪些細節？

有些事做起來並不難，卻可以讓男生大大勝出於其他對手之上。雖然現在已不講究騎士精神，但現代女人還是喜歡老派的紳士類型，這雖然聽起來有點好笑，可是很多男人卻從沒想過這點，尤其年輕一輩的男人更是如此。聽好，男士們，如果你能陪女生走到她的車旁，那表示你不但具有紳士風範，而且很關心對方的安全。同樣這件事，我也曾聽過一個故事，有個女生曾和一位男生出去共進晚餐，席間兩人都聊得很開心，這個女生真的很喜歡這個男生，約會快要結束時還有點難過，於是他們一起走到泊車的地方，男生開口問她：「你有帶停車券嗎？」女生以為對方要幫她付錢，於是順手把票給他，誰知對方竟說：「很好！」然後就走進車裡，逕自把車開走了！隔天這個男生突然領悟到自己魯莽的行徑，於是打電話向女生道了歉，但卻太遲了，這個女生已對他留下不好的印象。其實，能幫女人付泊車的費用，不僅顯示你很體貼，也表現出你是具有紳士風度的。

如果你和要約會的對象在電話中聊得很投機，也很期待與對方約會，請記得帶束花或一個小禮物出現在她面前，這樣你就很有機會贏得女方的芳心，此外，約會的時候如果能多讚美對方的穿著與髮型，就要多讚美，這麼做準沒錯。

個性堅強且經濟獨立的女生，真的會讓男生退避三舍嗎？

這麼多年下來，有些很會賺錢的女生告訴我，她們很難找到交往的對象，多數男生都因為她們的成功而退避三舍。但事實並非如此，女人的高收入並不是阻礙交往的原因，事實上我遇過的男生都很欣賞這樣成功的女生，他們欣賞不會一直把手伸進男生口袋的女生，他們欣賞可以好好照顧自己的女生，他們喜歡和聰明而且有能力的女生交往，但問題就在這群強勢、果決、獨立且成功的女性，雖然擁有讓事業成的特質，但同樣的特質卻也成了和異性交往的絆腳石。男人想要的是主動追求的感覺，所以女生在約會場合千萬別擺出一副商場女強人的模樣，就暫時讓男生占主導的地位吧！因為他們喜歡被需要的感覺，喜歡展現自己的能力，所以，女士們，雖然你們想賺多少錢就可以賺多少錢，在工作場合想爬多高就爬多高，還可以像釘子一般的堅定不屈，但只要和約會的對象在一起，請多展現你溫柔的女性特質。

對方條件那麼好，怎麼到現在還單身？

有好幾次，我打電話給女性客戶，談到我為她們找的合適對象，十個有八個會說：「對方條件那麼好，怎麼到現在還單身呢？」喔！我必須告訴你，每當我聽到這個問句，心裡真的有點不是滋味！男生雖然條件不錯，有錢、有幹勁又有幽默感，但不保證他就有時間交女朋友，也不保證一定會找到女朋友。無論如何，他們還是要像大家一樣經歷約會的過程，慢慢挑選，勇敢嘗試，才能找到一個真正合適的對象，就像在選帽子一樣。至於這些條件不錯的男性為何還單身？其實是因為太忙了，忙到沒時間約會，每天下班後，就上健身房運動一下，然後回家，把冷凍食品加熱，再看看新聞，之後上床睡覺，隔天再把同樣的事重複再做一遍，老實說，我的生活就有點像這樣（冷凍食品除外），畢竟每個人都很努力為生活而打拼。

我遇到我先生時，他已經四十一歲了，從沒結過婚，對我來說，他簡直就像天上掉下來的禮物，在這之前我已結過兩次婚，身上的包袱多到可以開家行李店了，我們結婚的時候，他已經四十三歲了，我真的覺得自己太幸運了，因為過去也有不少女人想套牢我先生都沒有成功，他就一直等著我，等待時機的到來。

我應該改變自己的個性，才會更有吸引力嗎？

瑪莉是我一個女性朋友，我記得曾去過她家，她住在一棟複合式公寓的一樓，樓上住著一位單身而性感的醫生，名叫丹恩。瑪莉對丹恩非常迷戀。然而丹恩當時正在與另一位女生葛蘿交往，瑪莉雖然不認識葛蘿，但時常看她進出丹恩的公寓，於是開始記錄葛蘿的穿著以及一言一行，並在心中暗自推定葛蘿是什麼樣的女孩，又是什麼特質讓丹恩對她有興趣，更誇張的是，瑪莉甚至把耳朵貼在牆上，偷聽他們從樓板傳來的對話。

瑪莉告訴我：「葛蘿聽起來是個很怪的人，但或許男生就愛這樣的女生，我是不是應該改變一下自己的個性？我或許太正常了，所以才孤單一人，我需要多展現一些性感，多賣弄一下風騷，是不是我真的要改變一下自己的個性了呢？」

聽完她的話，我真的覺得她完全迷失了，我告訴她：「難道為了每個喜歡的男生，你就得不斷改變自己的個性嗎？與其這樣，不如當女巫算了！」我相信的確有些事，每個人可以藉由改變讓自己個性變好，並且讓自己更有機會找到對象，這些事包括：不要太常談論過去的戀情，或不要逼自己太快進入一段感情等。每個人的個性都是與生俱來且獨一無二，沒有人會像你一樣，只要是適合你的人就會愛上你的一切，還記得比利．喬爾（Billy Joel）的歌嗎？「不要為了取悅我而改變自己，我喜歡你現在的樣子。」

有時候我會注意到老公正盯著我看，當我們的眼神對上時，他會說：「妳真的好有趣喔！」一聽他這麼說，我會說：「謝謝！」我知道自己的獨特性，也完全不想把自己改變成像其他人一樣，所以如果你個性很怪，行事風格很獨特，你應該為自己感到高興，也要好好讚頌自己的才智、欣賞自己的幽默，並展現自己的風格。

為什麼我總是吸引到「壞男人」或「壞女人」？

你應該聽過「男人不壞女人不愛」這句話吧！當年二十幾歲在談戀愛的時候，我每次只要跟對方說他人很好，對方就會眨眨眼對我說：「哦！千萬別這麼說，『好人』不適合當『情人』。」他們說對了，如果我說對方是好人，那就表示我並沒有愛上他。我也記得曾經遇過幾個「好男人」的熱烈追求，甚至想和我結婚，這些人真的是徹徹底底的好人，他們一定會把我當女王一般的呵護，也會永遠愛著我。但那個時候，我對「好男人」真的沒興趣，看上眼的反而都些「壞男人」，換句話說對我越不好的男人，我就越喜歡。那個時候，要是有哪個男人放我鴿子、說好要打電話給我卻沒打、欺騙我或說我胖，我就一定要和他在一起不可，因為那表示他是個難以追求且非常性感的對象，我樂於接受這樣的挑戰。男人不也一樣嗎，遇到對他們不好的女人總是愛得死去活來，因此，男女之間就成了一種挑戰終極任務的競賽。

百分之八十、九十的「壞男人」和「壞女人」都有一張漂亮的臉蛋，身邊也不乏上百位的追求者，由於隨時隨地都有人前來投懷送抱，於是他們很快就了解不必遵照一對一交往的模式。所謂的「壞男人」就像在糖果店裡選糖果的小孩，這個禮拜喜歡檸檬口味的水果糖，下個禮拜喜歡QQ熊軟糖，不久後看到牛奶糖，又立刻捨棄了手中的水果糖和QQ熊軟糖。幸好女人在二十幾歲時就喜歡「壞男人」，這時候的女人只想和帥氣又性感的男人在一起，每次只要能成功和壞男人在一起，就好像攻占領土一般刺激好玩。不過，女人一旦到了三十幾歲，受過多次的情傷後，便會開始改變自己原先的品味。

每當我問女人想要認識什麼樣的男人，她們經常這樣告訴我：「二十幾歲的時候，我很看重另一半的長相，但現在我只想找一個人品不錯的『好男人』定下來，長相不再是我選擇的第一要件了，我要找一個對我很好、很了解我的人。」等到女人過了四十歲以後，會注重和對方的生活型態相不相合，所以對方有沒有像布萊德·彼特一樣帥已經不重要了，在某種意義上，女人這個時候已經知道要看重另一半的心靈上的特質，而不是膚淺的外表而已。

有趣的是，不管是男人還是女人，多數的人都曾在感情中受過委屈，其中很大的原因是自尊心太低，不過我也發現，就因為這麼多年來我遇過太多的壞男人，所以在遇到現在的老公後，我終於做好準備去接受這樣一個好男人，也因為過去有太多不好的經驗，所以我更知道如何珍惜他。

我是否太快付出太多？

戀愛中的男女普遍會犯的大錯就是一下子付出太多。首先，不管是男人還是女人，好像只要一談戀愛，就自然而然會付出太多，而且樂在其中，不以為苦。到底應不應該為剛交往的對象做很多特別的事呢？到底應不應該過度關心對方，以表示你很在意對方，同時也是個很特別，也很貼心的女人呢？答案是「不應該」，至少在你們戀情尚未成熟之前，彼此都不應該付出太多，如果你一下子付出太多，很可能戀情才正要開花結果，對方會因為難以招架你過度的愛而怯步，所以應該順其自然就好。

一下子投入太多心力只會表示你想不顧一切要和對方在一起，如果有個人決定主動切斷和所有人的關係，只為了在情感上要和另一個人有所連結，通常這麼做的結果往往是適得其反。所以除非你和對方已經討論過，也共同決定要和彼此穩定交往，否則絕不要跟對方說，他是你生命中的唯一，最好的做法是要讓對方覺得你很忙，而且行情很好，還有很多人追，我知道這有點像在玩遊戲，可是人類天性本就如此，**總是想要得不到，或是要費一番力氣才能得到的東西**。

除此之外，不要一下子告訴對方太多有關自己的事，交往時只要一次透露一點就好了，不要像是一本完全打開的書，對方很容易就知道有關你的一切事情。反之，如果能讓對方透過打聽或耳聞的方式，知道你曾經做過的豐功偉業，那肯定會激起對方的好奇心，他會想知道更多有關你的事，所以千萬要讓自己保持一點神祕感才好。

此外，送禮物給男生只會讓他們覺得很不自在，曾經有個男生告訴我：「只要女人一開始送禮物，我就覺得很有壓力，好像對方是個急需愛的女人，想用禮物來收買我的愛。」因此，別太快送交往中的對象禮物，能越慢送越好，但不送禮物，你還是要用別的方式讓對方感受到你的關心，例如幫他做一頓豐盛的晚餐，或在對方車子送修的時候，貼心地接送他，或者對方到外地出差時，主動幫他收信等等。但如果你們才交往沒多久，就遇到對方的生日，也儘量不要花太多錢買禮物，不要讓對方因為你花很多錢而感銘於心，相反地，要讓對方記住你的創新與創意。我認識一個沒有賺很多錢的女人，她想送給男朋友一份特別的禮物，所以就上網去找，結果找到了一個遊樂園，裡頭不但有小型賽車，還有其他對方很有興趣的遊戲，而且一整天的門票只要二十美元，所以她立刻把廣告列印下來，貼在她精心製做的卡片上，想藉由這份小禮物讓對方知道，她想在生日那天帶他去那裡玩一整天。

一旦你和對方在感情上有了共同的承諾，就可以大方的付出你的全部，但即使到了那個時候，稍微保持一點神祕感也才是聰明的做法，這麼一來才能讓你的伴侶一直對你感興趣，對你的熱情不減。

如果我沒收到對方的禮物，是不是表示他並不愛我？

這個理論我曾經聽過，也曾用來測試我的前男友麥可。麥可來自芝加哥，我們交往好幾個月後，我的生日即將到來，我記得曾經有一次提醒過他，但不確定他是否仍記得，所以就做了有點愚蠢又有點狡猾的事，也就是拿出去年朋友送我的卡片，在沙發旁的桌子上放個四、五張，心想這樣一來他就一定會注意到有人送我生日卡片，就知道我的生日快到了。可是到了生日那一天，他不但沒送我禮物，連一通電話也沒有，好像他是故意忘記這件事似的，我真的很訝異，也很難過。

三天後，麥可突然來找我，還帶來一個大盒子，上頭綁著個大蝴蝶結，不好意思地對我說：「對不起現在才送，但我真不知道要送給你什麼才好。」我坐下來，拆開了包裝，然後笑容僵硬的大叫：「哇！是烤麵包機耶！好棒的禮物喔，謝謝。」只見他很驕傲地說：「這台機器可以一次烤四片土司，還附有……麵包屑的盤子呢！」

結果不用說，麥可沒多久後就沒再打電話來，我們的戀情也就這樣無聲無息的結束了，他根本不在乎要不要在我生日時打電話給我，或與我見個面，更別說要送我一個浪漫的禮物或一張卡片了。他只想到烤麵包機，而且覺得晚三天送也沒關係，我打從心裡猜想在他眼裡，我們的關係根本就像吐司一樣不值錢。

男人只要愛上你，無時無刻不浪漫地想著你，他一定會選在特別的節日好好表現一番，也會想盡辦法找出你喜歡的事物，讓你明白他的心意，另外值得一提的是，廚房電器用品完全不適合當情人禮物。

❤我怎麼知道對方是不是我的真命天子或真命天女？

要想知道某個對象適不適合你，請回答下列問題：

❤你是不是長時間守著電話，等著對方打電話過來？

❤你和對方是不是常常在平日約會，例如每個星期四或星期五固定約會見面，卻從來沒在週末約會過？

❤對方是不是大多選在早上十點左右、電視廣告的空檔時，或是深夜時間打電話給你，讓你根本無法出去約會？

❤對方打電話給你時，會不會常用非常薄弱的藉口來解釋他沒打電話你的原因，比如說「我最近真的很忙！」等等？

❤每當你想和對方討論未來的計劃時，對方不是很不耐煩，就是馬上變換主題或假裝沒聽到？

❤對方是不是偏好用電子郵件聯絡，而不喜歡直接和你說話？

❤對方的計劃是不是總是和他想做的事有關，並且還會慫恿你：「如果你想要，也可以一起來啊！」（好像頒發特權給你一樣）？

❤你在邀情對方一起參加特別的場合時，對方是不是總是說會「考慮看看」？

❤對方是不是常說好要打電話卻沒打？

❤是不是老是你主動提出約會的要求？

❤你是不是覺得即使用盡各種辦法，也很難讓對方對你感興趣？

❤對方是不是常談到未來規劃，例如：搬家或買房子等，卻從來不曾把你納入規劃之中？

❤你們是不是常常在你住的地方碰面，卻很少到對方住的地方？

❤對方是不是很不情願把你介紹給他的朋友或家人？

❤他常常來接你去約會，還是總是期待你去和他會面？

❤當著你的面在跟朋友講電話時，雖然聽得出朋友在問他正在做什麼，但為了方便起見，他也故意不向朋友透露正與你在一起？

❤他常很晚的時候才打電話給你，要你過去他住的地方，只因為很想「看你」，換句話說，你們之間的關係幾乎是靠這種「免費的性服務」而得以維繫嗎？

❤他是不是常在餐後要付錢時，忘了拿出自己的皮夾？

如果你有兩個以上肯定的答案，那麼很有可能這個人對長期的伴侶關係並沒有興趣，或者說對象至少不是你，因此，如果你想找個人定下來，就應該繼續尋找下一個人選。有些人認為只要在一起夠久，彼此的愛越來越濃了，對方就會有所改變，所以只是時間的問題而已。但我要說的是，這種情形的發生率很低，通常只有在剛交往時，對方才最有可能想盡各種辦法來取悅你，如果一開始就沒表現出對你很有興趣的樣子，那麼之後也很難會改變，因為他越來越有可能會把你的付出當做理所當然。

在戀情剛開始的時候，你就要問問自己上述這些問題，好幫助你評估是否該繼續尋找下一個對象，才不會浪費時間在不對的人身上，也才不會有心碎的可能，所以為了保險起見，除非對方給你承諾，要全心全意的和你交往，否則你大可容許自己再和其他人約會，多往外跑，盡情玩樂，多認識多結交新的朋友，不要把全部的雞蛋全都放在一個籃子裡。如果你讓對方覺得你很渴望、很不顧一切地守候著他，他就會跑得像感恩節的火雞一樣快。其實，如果感覺對了，你不用強求，也不用催促，感情就會自然而然的發展下去，因為那原本就該如此。

如果對方不想承諾或不願求婚，我什麼時候才該下達最後通牒呢？

如果婚姻還是你的首選，就要從結婚的角度出發，好好看待彼此的關係。如果你交往的對象沒有興趣給你承諾，或者對婚姻抱持著否定的態度，請不要再浪費時間等待，不要期待對方總有一天會改變他的想法。在遇到我先生之前，我遇到的男人就像這樣子，雖然我覺得和他們在一起感覺很不錯，也共同擁有不少激情與歡笑，但對方就是經常在我面前評論結婚多麼不好，其中有一個令我最印象深刻，他叫馬克，有一次他和一個過幾個禮拜就要結婚的好朋友講電話，馬克還應邀當他們的男儐相，可是他竟然對這個朋友說：「約翰，現在後悔還不遲，你知道嗎？」從對話中，我推測約翰可能答：「噢！不！我才不後悔結婚呢！」結果馬克仍舊不厭其煩的繼續追問：「你確定嗎？拜託！你不用這麼委屈吧！」這番對話聽在我的耳裡真的有點匪夷所思，但可以確定的是我們的關係將不會有任何的結果！所以請你也不要忽略這個問題，一定要好好和對方討論結婚的打算，如果對方和你的看法不一致，就請及早釐清這個事實，免得被這段戀情給絆住，而且越拖越久就越難離開。如果你們對婚姻的看法真的不同，在雙方尚未用情太深之前，趕快止步吧！

▼附錄一　正面肯定語

我的吸引力磁鐵正以強大的功能在運作著，還帶著豐富的情感、正向的振動頻率，因此我可以把一切渴望的事物吸進生命裡。

愛從四面八方湧入我的生命裡，我知道我是被愛的。

我很清楚如何吸引想要的事物進入我的生命裡：

❤清楚自己**不想要**什麼。

❤然後了解自己真正**想要**什麼。

❤進入你想要的那種感覺。

❤期待、聆聽並任其自然而然發生。

我不會老是想著過去，每一天都可能為我帶來愛和祝福。

我從不想自己「不要」的事，而且很清楚自己「要」的是什麼，背後還帶強而有力的感覺。

我想要的事在「質」和「量」上都很可觀，而且我不斷有新的渴望事物。

我很安全，經常透過能量的流動為自己創造安全感。

我整天都處在振動的狀態，我會把振頻調高，把心房打開，在我的能量場中，不歡迎低頻率的振頻。

我對於想要的事格外興奮，除此之外，我還繼續寫下許多振奮人心的新理想劇本，這麼做讓我倍感溫馨及溫暖。

錯誤不會讓我感到困擾，如果我搞砸一件事，馬上就會調整並回歸正軌，我對自己很溫柔。

我一直活在現在，對未來充滿期望。

我從沒放棄任何對我而言重要的事，因為我知道，如果連參加都不參加，根本連贏的機會也沒有。

其他人的負面能量不會影響到我，負面的思考也不會滲透到我的能量場來。

我知道我的靈魂伴侶正朝著我的方向靠走過來。

我會用正向積極的想法開始每一天，希望美好的事可以發生在我身上。

我樂於接受新的想法，我有開放的心胸和包容的內在。

我看得到別人的好，並且也願意給予別人機會，我選擇不去批判別人的好壞。

我用振動的方式吸引到一個適合我的完美情人。

我的點子很不錯且很有創意，身邊的人總對我所說的話感興趣。

我不會告訴別人我缺乏什麼，但我會告訴自己擁有什麼。

我擁有現在所需的每一件事物，我很滿足。

我非常照顧自己，讓自己每天漂漂亮亮的。

我有自己的興趣及喜好，如果能再找到一個靈魂伴侶，那就更完美了。

我很聰明，也很能幹，大家都很重視我的感受及意見。

我認為每一個挑戰都是一種契機。

我應該被愛，也知道自己很值得被愛。

放手不代表放棄，我只是放開手，讓事情自然而然發展，因為我知道最美好的事即將發生在我身上。

我腦中不斷浮現吸引到靈魂伴侶的影相，我深深相信且從不懷疑。

我不再為了如何遇到對的人而苦思無解，我放下一切的執著，順其自然，相信不久的將來就能遇到對的人。

我總是在對的時間找到對的位置。

我一定能找到適合我的戀情，對方也懂得尊重我。

我善待自己，也希望用同樣的方法善待別人。

我很美麗，又有正面積極的態度，就像是個美麗的藝術品一樣。

我允許自己談戀愛，也相信自己可以找到最完美的對象。

約會很好玩，就像冒險之旅一樣，我把每一次的約會都視為一種機會，可以讓我認識其他有趣的新朋友。

一旦我做好準備，開始振動，並且保持心情愉快，我就等於開啟了神奇的開關，允許高頻率的振動充滿全身。

我一直在為自己寫新的劇本，也不斷想著還能用什麼更新的方法，幫我把想要的事物吸引過來。

我喜歡旅行的過程，也很高興可以達到目的地，同樣地，我很享受尋找靈魂伴侶的過程。

我的生活不會像連續劇一樣亂糟糟，我為自己而活，生活平靜沒有紛擾。

對的人會在對的時間出現，時機很重要。

愛包圍著我，我選擇去體會周遭的愛。

愛會從我身上的每個部位散發出去，我先把愛傳到宇宙中，然後愛再被愛反射回到我身上。

適合我的人會欣賞我的獨特與創意。

我知道整個宇宙都是我的後盾，因為我是獨特的，所以值得世間一切美好的事情。

我很特別也很特殊，我是獨一無二的個體，沒有人像我一樣。

（可以再加上你自己的肯定語。）

▼附錄二

❖相親服務能幫你嗎？

對於要如何才能找到適合你的對象，眾人的意見非常分歧，想尋求些許幫忙的人，就會找上提供交友服務或相親服務的機構，但兩者究竟有何不同？

提供交友服務的機構會讓會員選擇適合自己的對象，通常他們都希望能招募到越多的會員越好，加入會員後，你必須到公司去親自挑選對方想要認識你、你也想認識對方的人。因為這樣的機構會提供會員的照片，所以被挑選到的總是少數熱門人選中的少數，對熱門人選而言，當然不錯，但對其他大多數的會員而言，結果總是遭到忽略。

相親服務則不然，相親機構裡的專業媒人通常會幫你配對，會幫你打理所有的事情，這對工作繁忙的人而言替他們省去了很多的麻煩，專業媒人在和你初次見面時，會先同你一起坐下交談，以了解你的個性、興趣、嗜好，以及所期待的另一半是怎麼樣，然後再根據訪談的資料，選擇一個適合你的對象，他們會根據你的條件，排除你不會感興趣的人選，在你和相親對象第一次見面後，專業媒人還會進一步追蹤兩人對彼此的感受，以便能為客戶找到更適合的對象。身為一個專業的媒人，我當然極力提倡大家採用這樣的方式，而不要參加交友機構。

❖十個加入婚友社的理由

1.對象會經過事先篩選，你不會浪費時間和沒有共同點的人相處，相親服務會在篩選對象的時候，先篩掉你不想要的對象，再嘗試根據你想要的條件（例如：價值觀、某個年齡層、收入、生活習慣等）找人與你配對。

2.今日的單身人士似乎沒有太多的時間見面約會，更別說和一個不感興趣的人相處一整個晚上。相親服務則可以減少你浪費時間在不適合對象上的機率。

3.相親服務非常適合新來到某個地方的人。舉例來說，如果你初來乍到一個地方，或許你根本不知道如何遇到適合的單身人士，也或許還沒找到可以加入的團體，像是某個專業機構或教堂，這時，相親服務就可以幫你在新的居住地找到最好的交往伴侶。

4.現在，要找一個認識人的最佳地點真的很難，或許你在所屬的教堂、義工團體、或扶輪社，都無法成功找到適合的交往對象，這時候，你就應該把尋找對象的工作交給提供相親服務的專業機構。

5.很多人想到要去酒吧等人多的地方認識單身人士，就覺得渾身不自在，不可否認的，許多「不錯」的對象，也會上酒吧或參加俱樂部的活動，但是要找到你要的人，你得在一堆爛蘋果中仔細挑選，才能找到個中極品。但何必要浪費這麼多時間呢？這種去蕪存菁的事交給相親服務機構就好了。

6.現在要約個會總是讓人勞神又傷財，不但要支付餐廳的費用，還有停車費、酒錢、置裝費和小費等要支付，如果你老是和不適合的人約會，加總起來的費用肯定讓你吃不消，因此，比起你和千百個人約會還是找不到適合的人，委託相親機構幫你尋找，可能會節省你許多的金錢和精力。

7.即便你遇到了某個對象，也得經歷一段彼此拷問的階段，雙方為了想知道彼此適不適合，難免都會問對方一大堆的問題，但有了相親服務，你就能減少當中許多不必要的過程，例如：你不喜歡狗，相親服務機構就會立刻根據你的喜好，剔除不適當的人選，你就不用花一整個晚上的時間和某個對象約會，結果到頭來才發現他家裡其實養了五隻狗。

8.現在人的生活很忙碌，尤其為了工作的事常忙得不可開交，一下班，經常就只想回家，躺在自己的沙發上休息、看電視，我們當然都知道必須出去多認識一些朋友，但如果總是照著自己的方式做，日復一日，你難免會發現自己每次約會完回到家，就只希望自己下次可以不要再出去了。寸金難買寸光陰，請確定你每次花時間和精力出去約會的對象，是相親機構早已為你篩選好的，也因此這個人很可能就值得你為他捨棄溫暖的沙發，和他出去見面。

9.如果你是個害羞或謹慎的人，通常很難找到約會的對象，對女性來說尤其是如此。如果有個男生在酒吧或社交場合向你搭訕，你也無從得知他究竟結婚了沒，還是只想試試自己的運氣，但相親機構幫你安排的對象是經過篩選過的，你會知道對方目前的婚姻狀態是從未結過婚，還是離過婚或是喪偶，相親機構為你選的對象一定是單身人士，可以和人約會談戀愛。

10.人一旦過了二十幾歲，就好像越來越難找到相同年齡層且適合的人，隨著越來越多人結婚或有了固定交往的對象，可選擇的對象也變得越來越少，至少大部分的情形似乎是如此。相親機構擁有來自各年齡層的廣大會員，讓你可以接觸到年紀和你相仿的人。以三十八歲的艾倫為例，她之前參加了教堂裡的單身俱樂部，才赫然發現參加的人只有她是在六十歲以下！但在選擇相親服務後，她現在遇到的約會對象都是和她年紀相仿的人。

❖在加入婚友社之前，請記住七件事！

市面上的相親機構有好有壞，為了節省你寶貴的時間和金錢，在加入任一個相親機構時，請問問自己以下這些問題，請別怕多比較，直到找到適合你的機構為止，有些事你要問清楚：

1.要比較價錢。交友和相親服務的收費都不便宜，但還是有些機構會根據個人預算，提供不同需求的服務。要是你遇到那家公司拒絕與你在電話中談論價錢事宜，那麼可以確定的是，他們收費肯定不便宜，通常十來萬一定跑不掉，不過即便如此，收費服務的一個好處是，非真心要找長期交往對象的人，就不會想花錢來參加。換句話說，如果會員都願意付錢來參加，他們很可能就是真心想要尋找一個靈魂伴侶而來。有些地方相親服務甚至對符合某些條件的女性不收取任何費用，而通常這些女性都得有模特兒一般的佼好身材與臉蛋。

2.要確定你所選擇的服務機構中，也有和你住在同一個城市的會員。有些機構會堅持讓會員和住在不同鄉鎮、不同城市、甚至不同國家的會員認識，但事實上絕大多數的人都不希望遠距離的戀情。

3.面對企圖心很強的推銷人員，不要因此感到有壓力。交友和相親服都是以營利為取向，除非他們能回答你所有的問題，而你也對所有的答覆感到滿意，否則千萬別因為他們天花亂墜的一番話，就成了他們的會員，也千萬別因銷售人員說現在加入立即享有優惠而上當受騙，因為那只不過是推銷的一種手段而已。

4.尋問對方從事這項服務有多久的時間，過去的記錄又如何？（但是，即使過去記錄不好，他們也會打死不承認。）請求他們提供滿意的客戶推薦書，並主動查詢，看看這家公司在過去有沒有遭人控訴過。

5.如果你真的加入了，請務必閱讀清楚合約的內容。千萬要了解你加入的是什麼樣的機構，大多數甚至都不知道自己簽了什麼東西。

6.要確定和專屬媒人相處起來很舒服、很自在，一旦你覺得這個人沒有真正聽進你的需求，不要懷疑，請立刻換人，有時候換個人會更適合你。

7.要知道相親機構只會就他們現有的會員群幫你配對，絕大多數的相親機構不會為了你個人的需求，再到別處為你專門尋找適合的對象。他們只會就現有的會員進行配對，你可以確切告訴他們想要什麼樣的對象，但如果他們無法在會員當中找到符合這樣條件的人，他們也無能為力。再者，你真的無從得知他們究竟有多少會員人數，因為大部分的相親機構都會在這方面有所誇大。因此，如果你要的條件很明確，例如想找一個長得像布萊德．彼特的人、身高一百八，年薪千萬、未婚、沒有小孩、想要小孩、會講法文、喜歡紅貴賓、會煮菜，如果是這樣，我只能祝你好運啦！

國家圖書館出版品預行編目資料

真愛吸引力法則－召喚靈魂伴侶的高頻振動 / 瑪拉・馬特森（Marla Martenson）作；張齡謙譯.－－初版.－－新北市新店區：世茂, 2011.11
面； 公分.（新時代系列；A9）
譯自：Excuse me, your soul mate is waiting
ISBN 978-986-6363-77-1（平裝）

1. 擇偶 2.戀愛 3.兩性關係

544.37 99017001

新時代系列 A9

真愛吸引力法則——召喚靈魂伴侶的高頻振動

Excuse Me, Your Soul Mate is Waiting

作　　者／瑪拉・馬特森（Marla Martenson）
譯　　者／張齡謙
主　　編／簡玉芬
責任編輯／陳文君
封面設計／鄧宜琨
出 版 者／世茂出版有限公司
負 責 人／簡泰雄
地　　址／(231)新北市新店區民生路19號5樓
電　　話／(02)2218-3277
傳　　真／(02)2218-3239（訂書專線）、(02)2218-7539
劃撥帳號／19911841
戶　　名／世茂出版有限公司
單次郵購總金額未滿500元（含），請加50元掛號費
酷 書 網／www.coolbooks.com.tw
排　　版／江依玶
製　　版／辰皓國際出版製作有限公司
印　　刷／長紅彩色印刷公司
初版一刷／2010年11月
二刷／2012年12月

I S B N／978-986-6363-77-1
定　　價／260元